これだけでいい 男の服

Minimal Wardrobe & Minimal Style

干場義雅

ダイヤモンド社

Introduction——はじめに

昨年、初めて緊急事態宣言が発令された頃のことです。僕は、突然ぽっかりとあいてしまった時間を使って、自宅で服の整理をしていました。

もともと「大人の男性にはトレンド（流行）の服は必要ない」という考えから、ここ数年は自分自身のために買う服はできる限り絞り込むようにしていました。それでも、職業柄試しておくべき服だったり、細部をチェックするためだったり、あるいは単純に面白そうだから、など何かと理由をつけて購入した服や小物が、いつの間にか相当な数に……。そこで、例年なら国内外問わず飛び回っていたはずの時間を使って、そういった服を整理することにしたのです。

整理し始めて驚きました。吟味して購入していたはずなのに、今見ると「なぜこんなものを？」というアイテムがかなり出てきたのです。外出や人と会うことが制限されて改めて服や自分に向き合ってみると、本当なら必要ないものや自分のスタイルに

Fashion is fade,
Style is eternal.

Refine your style.

合わないものを、けっこう買ってしまっていたのです。

新型コロナウイルスは人々の意識を大きく変えました。そのひとつが、ものごとの本質を見つめ直すということだったのではないでしょうか。

今まで当たり前だと思って気にもしなかったようなことは、本当にやるべきことだったのか。「もっともっと」とひたすら新しいものを追いかける生き方は、本当に正しいことだったのか。そして、整理していったときに、それでも最後まで残るものはどういうものなのか。

僕の専門であるファッションは、そんなふうに本質や価値を問い直されるべき最たるもののように思えました。

そしてそういった観点から服を整理していくと、最後に残るのはやはり「普通の服」。ただし、普通ではあるけれど何でもいいわけではない、「これが僕に必要なんだ」という、選び抜かれた「普通の服」だったのです。

現代において服とは、自己表現でありコミュニケーションツールのひとつです。

ですから、今の僕たちの生活——ビジネスやプライベートにおいて必要なのは、着心地が良いだけでなく、信頼感や好感を持ってもらえる服。そして、その人なりの魅力をきちんと世間に向かって表現してくれる服といえるでしょう。

そのためには、服の数や種類はそれほど多くなくていいし、奇抜なものや特殊なものも必要ない。

アイテムとしては普通。けれど、人に良い印象を与えたり、良質な素材と仕立てで着心地の良さを感じることができ、自分が信頼に足る人間だときちんと伝えてくれる。そんな服が一通り揃っていれば、いつ、どんなところに出ても堂々としていられるのです。

考えてみれば当たり前のことですが、僕自身、コロナ禍において服を整理していくことで、「ああ、本当にこれだけで十分だ」という体験をし、改めて気づいた気がします。

では実際、どういった服を選んでいけばいいのか。

ファッションの魅力をお伝えする仕事をしている以上、僕は、服装に関する知識を得ることはもちろん、身銭を切って洋服を買い、実際に着てみることが大切だと思ってきました。結果、人よりも多くの服に袖を通す機会に恵まれました。

良い服というのは、やはり着てみないとわからないところがあります。でも、日々

Style should not be built in a day.

忙しく過ごしている皆さんは、ファッションより優先すべきことが山ほどあり、着るものにそれほど時間をかけてはいられないでしょう。

そこで、僕の経験から、今の時代に大人の男性が身に着けるものとして「これさえあれば間違いない！」ものを吟味して紹介しようと思い立ちました。

その中でも、実用性とコストパフォーマンスの観点から50アイテムに絞ったのが本書です。これらは単品で素晴らしいだけでなく、どれを組み合わせてもサマになり、どんなシーンにも対応可能な、まさにこのままポンと買ってもらえればすぐに使える、非常に実用性の高いセレクトになっています。

究極の「普通の服」は、あなたの個性を殺すことなく、あなたの良さを引き出し、さらに、あなたを格上げしてくれるはずです。

以前、服飾史家の中野香織さんがウェブ版の『GQ』に書かれたコラム「チャールズ皇太子の服装術」に、こんな一節がありました。

半世紀も前の1969年からプラスチック問題を語り、バブル全盛期だった1980年代に有機農業を始め、1987年に作ったアンダーソン&シェパードのツイードコートを30年以上経った今も着続ける。つぎはぎがほどこされたジョンロブの靴はあまりにも有名だし、かけはぎのあるグレーのスーツが目撃されたこともある。

モットーは「買うなら一度だけ、良いものを買え(Buy Once, Buy Well.)」。

選び抜いた良いものをいったん買ったならば、ケアをして長くつきあう。プリンス・オブ・サステイナビリティの称号は伊達ではない。

コートは上記のツイードとキャメルを着まわし、自分のスタイルを「止まった時計」と称するチャールズ皇太子は、サステナ全盛の今、慎ましさと贅沢感を同居させるスタイルアイコンとしての存在感を増しているが、実は抜群のファッションセンスの持ち主でもある。

Timeless elegance.

なんと、英国のチャールズ皇太子が〝かけはぎ〟がほどこされたダブルブレステッドのグレースーツを着て、ツイードコートは30年以上着続け、ジョンロブにいたっては、つぎはぎのものを愛用しているというのです。仮にも紳士服の発祥の地の皇太子が、です。でも、これこそが本書で訴えたいスタイルの最終形であり、究極のスタイルなのかもしれません。

お尻に穴が開いても20年着続けているネイビーのカシミヤスーツや、ポケットや襟裏のほつれを直しながら大切に着続けているキャメルのコートを語っているようじゃ、僕なんてまだまだ……と反省しつつ、僕の8冊目にあたる本書では、服装術の具体的なメソッドと、厳選に厳選を重ねて選んだ必要最小限の洋服50アイテム、そして、それらを組み合わせてつくる一年間の着こなし例を30——もっとわかりやすくいえば、干場流・服装術と、ミニマルワードローブ50、そしてミニマルスタイル30をご紹介していくことにします。

本書が、皆さんが「これだけでいい」と思える服に出合い、自分だけのスタイルを確立する助けになれば、これほどうれしいことはありません。

contents

目次

SUMMER Coordination

AUTUMN Coordination

WINTER Coordination

SPECIAL

Chapter

005

お洒落以前の清潔感

Chapter

006

ビジネスカジュアル Q&A

Chapter 001

大人の服は「普通」でいい

大人の男性は何を着ればいいのか？

センスにも、容姿にも自信がないし、トレンド（流行）もよくわからない。そもそも、どんなものを買えばいいのかもわからない。

洋服に興味がない人なら身に覚えのあるお悩みではないでしょうか。

男性の服選びの悩みは主に2つに分けられます。

ひとつは、お洒落をしたいけれど、センスの良いものや似合うものが選べないという悩み。もうひとつは、お洒落にあまり興味はなく、とりあえず無難なものを選んでいるけれど、地味だったり、年齢に合っていなかったり、カジュアル過ぎたり……。要するにあまりパッとしないという悩みです。

前者は、ファッション誌を参考にしたり、百貨店やセレクトショップなどで購入したりとそれなりに着るものに気をつかっていると思うのですが、ここには落とし穴があります。

長年ファッション誌をつくってきた僕が言うのも心苦しいですが……ファッション誌はトレンド情報の紹介をメインにしているので、載っているのは流行《はやり》ものが多いのです。それに、お店では新商品の販売を優先するため、入ってすぐの一番目につく場所には、たいがい入荷したばかりの新商品を置いています。ですから、意識しないでいると、必然的にトレンドものやデザインものを手にすることになります。店員さんも売ることが仕事ですから、これは今期おすすめのデザインです、こう合わせるといいですよ、とすすめてきます。気がつくと、大人が着るには浮ついた印象で、長くは着られないような服ばかり買っていた、ということになりがちなのです。

一方、後者は「シンプルでコスパもいいからファストファッションでいいや」、というパターンが典型的。ファストファッションがダメだということではもちろんありませんが、無難だからという理由で買いがちなグレーのスウェットパーカーや、色落ちしたブルーデニム、コットン素材のジャケットなどは、実はプロでもお洒落に着こなすのが難しいもの。何も考えずに着ると、学生の頃の服をいつまでも着ているように見えてしまうことさえあります。

大人の男性としてふさわしい「普通の服」を買うのは、意外と難しいのです。
問題は、選ぶときの基準がどちらも「なんとなく」になっていることです。そもそも、「服を買いに行こう！」と思った時点では、トレンドのものが欲しかったわけでも、安いものしか買いたくなかったわけでもないですよね？

本当に必要なのは、「自分に似合うもの」「人に良い印象を与えるもの」「年相応のもの」「女性に好感を持たれるもの」「センスが良いと思われるもの」こういう服ではないでしょうか？

このような、シンプルな「普通の服」をさり気なくカッコ良く着ている人は、そもそも選んでいるアイテムが違います。
何を着ればいいのか、どんなものを買えばいいのか、基準がわかればこのような失敗はなくなります。自己流のセンスと感覚でいいと思ったものを買うのもファッションの楽しみですが、もしそれで今うまくいっていないのであれば、これから紹介することを参考にしてみてほしいのです。

年相応の服装術とは？

ビジネスシーンにおける男性の服装術で最も大切なのは、誰と会っても恥ずかしくないスタイルであるということです。

例えば、ネイビージャケットと白シャツ、グレーパンツの組み合わせは、年齢に関係なく着られる普遍的なコーディネートのひとつ。ですが、この究極ともいえる普通の組み合わせでも、きちんとして見えることもあれば、だらしなく見えることもあるのは皆さんもご存じのとおり。どんなシーンにも使える定番の組み合わせだからこそ、どれでもいいわけではなく、いろいろな意味で自分にぴったりのものを選ぶことが大切なのです。

また、それぞれに良いアイテムが見つかったとしても、いつも同じでいいというわけではありません。人は年月を重ねるごとに変化していきます。年齢はもちろんのこと、体型、住む場所、ライフスタイル……。社会的な立場もそうです。これらに応じてこの普通の組み合わせをアップグレードしていくことで、年相応の余裕や貫禄を表現することができます。

それを教えてくれたのが、小津安二郎監督の『秋刀魚の味』（1962年）という映画でした。小津監督は、自らも英国紳士のような装いを好み、ストーリーや演出だけでなく、女優が着る着物にさえもこだわったといいます。僕が観た作品のなかでも、同じグレースーツでも、若手社員はライトグレー、中間管理職はミディアムグレー、重役はチャコールグレーのスリーピースと、役柄によってスーツの色やデザインが少しずつ違っていて、その人の立場や性格が巧みに表現されていました。

確かに、20代でスリーピースやダブルブレステッドのダークスーツは、まだ早い感じがして背伸びしているように見えてしまう危険性があります。その一方で、年齢をある程度重ねた大人が若者と同じような量販店のスーツや、ファストファッションの洋服を着ていたのでは、よほど自分に自信がない限り、威厳も何もなくなってしまうでしょう。

洋服がコミュニケーションツールである以上、年齢や立場によってNGになるアイテムや素材も実際にあるのです。

ベーシックはどれも同じ？

洋服に興味がない人が陥りがちなのが、ベーシックなデザインであれば何でもいいと、価格の安さを優先させてしまうことです。例えば同じカシミヤ素材のセーターでも、ラグジュアリーブランドのそれとファストファッションのそれとでは、クオリティに雲泥《うんでい》の差があります。逆に言えば、高価なものにはそれだけの価値がありますから、同じベーシックなアイテムでも、上質なものを選ぶだけで、簡単に大人の品格や余裕を表現することもできるのです。

しかし、誰しもが最高級のカシミヤに投資しなくてはいけないわけではありません。最初は予算の範囲内で、良質な天然素材のものを選べば十分です。チェックするときのポイントは、素材に触れたときの感触や重厚感、光沢、そしてデザインがややクラシックであったり、エレガントに見えるものを選ぶことです。

例えば、同じコットンのＴシャツでも、若い人がよく着ているビッグシルエットで厚手のごわっとした素材のものではなく、見た目に少し艶があり、生地がしなやかで厚過ぎないジャストサイズのものを選ぶ。ニットなら太い糸でざっくりと編まれたローゲージのものではなく、細い糸で編まれたハイゲージのもので、素材はコットンやウールでも構いませんが、艶のあるシルクカシミヤだとより理想的です。

スーツやジャケットも、若いうちはナイロン混紡のストレッチの効いた素材でも十分ですが、年齢を重ねたら、他人に見られているという意識を持って、良質な素材のきちんと仕立てられたものを選ぶべきです。

装いには、自然とその人の考えやセンスが出てしまうもの。見た目で損をしないために、というフレーズはすでに使い古されている気がしますが、残念ながら**見た目で損をしている人は本当に多い**のです。

仕事ができれば外見は関係ない！という考え方は極めて前時代的。

今は、ひとつのプロジェクトを遂行するのにも、社内だけでなく、外部のスタッフを巻き込みながらチームで動く仕事が増えています。第一印象はもちろん、ファッションで頼りがいや信頼感をアピールする重要性が増しているのです。たかが服、と思うかもしれませんが、その重要性は蔑ろにすることはできないのです。

トレンド（流行）は必要ない

服の重要性を理解していざショップに行っても、洋服の知識がないと、つい華やかに見えるものやトレンド（流行）もの、クセのあるデザインに目が向きがちです。しかし、主張の強いアイテムは、そればかりが目立ってしまい、肝心の着ている人の中身が印象に残らないケースが多々あります。

つまり、大人の男性が選ぶべきは、できるだけ普通に見えるベーシックな洋服。例えばスーツの襟型にも、下襟の先が尖ったピークドラペルや、「へちま襟」と呼ばれるショールカラーなどがありますが、基本であるノッチドラペルのものが一番使い勝手が良く、着用する場面を選びません。洋服選びでデザインに迷ったら、基本である**最もベーシックなものから手に取る**ことが大切です。

靴やバッグなども同じです。なるべく装飾のないシンプルなデザインで、黒などベーシックカラーのものを選んでください。

若いうちはいろんなファッションを楽しむのもいいのですが、ある程度の年齢になったら、**いつも同じような自分らしいスタイルでいたほうがまわりに安心感や信頼感を与えることができます。**

また、地味というのも決してネガティブなことではありません、僕は、むしろ普段から地味に見えることを心がけています。理由は、洋服よりも自分の中身である考え方や言動を知ってもらいたいからです。

洋服が目立つのではなく、自分自身を際立たせる装いをすること。トレンドといわれる流行の色やデザインも、無視して構いません。洋服が目立つのではなく、自分の中身を一番引き立たせる洋服を選び、似合う装いをすることが大切なのです。

そもそも、流行の洋服ばかりを着ている男性や、派手に装った男性は、女性からも不評です。「流行」は文字通り、流れて行ってしまうものですから、そこにいくら投資しても、自分のスタイル（型）はいつまで経っても手に入りません。

大切なのは、トレンドではなく、自分に似合うスタイルを見つけ、手に入れること。浅はかな流行のことしか載っていないようなファッション誌を熟読するのはそこそこにして、揺るがない基本的な装いの知識を身につけることが重要なのです。

シンプルであればあるほどドレッシー

コマーシャル《商業主義》の影響を受けず、大人の男性が正しい選択をするには、ファッションに対して最低限の知識を持っておくべきです。それによって自信を持って自分に必要なアイテムを選べますし、マナーからはずれてしまう恐れもなくなります。

例えば、目の前に異なるタイプの6足の靴があるとして、フォーマル度の高い順に並べることができるでしょうか？

靴の場合、おおまかにトウとアッパーの装飾の度合い、ソールの形状や素材が見分け方のポイントになります。最もドレッシーとされるのが飾り穴のない「ストレートチップ」、その次に「プレーントウ」「ウイングチップ」「Uチップ」「モンクストラップ」「ローファー」という順番でカジュアルになっていきます。ソールはヒールがあり、薄いものほどドレッシー、厚みのあるラバーソールはカジュアルです。

色にもルールがあり、冠婚葬祭からビジネスシーンまですべてに適しているのは黒。

スーツのルールをつくったと言われる英国では、茶色の靴は色調が明るくなるほどカジュアルな印象になるため、結婚式や弔事などのフォーマルな場面ではNGです。

また、靴紐を通すパーツのことを「羽根」といい、「外羽根式」と「内羽根式」に分かれます。紐を通す部分が外にむき出しになっている仕様が外羽根式。武骨でスポーティ、ややカジュアルな印象を与えます。一方、紐を通す部分が内側に潜り込んでいるものを内羽根式といい、エレガントさや落ち着いた印象を与えます。よって、フォーマル度が高いのは内羽根式です。素材となる革も同様に、きめ細かい表革はドレッシー、毛羽立ったスウェードはカジュアルとされますから用途に違いがあります。

こうした決まりごとをいちいち覚えるのは面倒かもしれませんが、大人の男性であれば正式な服装が求められるシーンもあるはずですから、知っておいて損はありません。少なくとも、カジュアルからドレッシーまでさまざまな段階がある中で、自分の服装がどの程度フォーマルなのかということだけは頭に入れておきましょう。

ドレッシー、カジュアルといっても、よくわからないという人は、色なら黒。一般的に**シンプルであるほどドレッシーで、茶色や凝ったつくりほどカジュアルな雰囲気になる**と覚えておくといいでしょう。

迷ったらシンプルなものを選ぶと考えれば、失敗は減るはずです。

大人の男性の必要最小限のワードローブ

大人としてさまざまなシーンに対応できる洋服を揃えるとなると、多くのワードローブが必要になると思うかもしれませんが、そんなことはありません。シンプルなデザインで上質な素材を使った、いわゆる「ベーシック」と呼ばれる服を持っていれば、たとえ手持ちの服の数が少なくてもビジネスに、カジュアルにとさまざまなシーンに対応することができますし、10年先も、20年先も、色褪せることのないスタイルが可能になります。

では、ベーシックなワードローブとはどんな洋服を指すのでしょうか?

ネイビースーツやグレースーツ、ネイビーブレザー、白シャツやサックスブルーのシャツ、グレーパンツをはじめ、黒や茶のドレスシューズ、ブルージーンズや白スニーカーといった、長い年月の間、愛され続けているアイテムがそれに相当します。

例えばネイビーブレザー。10年前のものと今のものではディテールやシルエットに多少の違いはありますが、古いものでも十分着ることができます。本当にベーシックな服は、時代とともに多少の変化はあっても、基本は変わらないので、長く使えるのです。ですから、トレンド（流行）を追うことは意味がないのです。

英国発祥の紳士服には「アンダーステイトメント」という言葉があります。これは**ドレスコードに準じた控えめな自己表現こそが、粋で知性を感じさせる**という考え方。大人の服装術で最も大切なのは、やはり「普通」に見えることなのです。

僕が編集をしていた頃から『LEON』という雑誌では、「必要なのは〝お金じゃなくてセンス〟です」と表紙に書いていましたが、僕が思うのは「必要なのは〝お金でもセンスでもなくて知識〟です」ということ。

良い素材を知っているか？　洋服の良いつくりや仕立てを知っているか？　流行ではない基本的なデザインを知っているか？　自分に似合う正しい色やサイズを知っているか？　基本的な洋服の組み合わせを知っているか？　時と場所、目的に応じた装いができてるか？　そういう自分に最適な服装を組み立てるための知識こそ、大切なのです。

と、言いつつ僕も、広告が主たる収益源であるファッション誌の編集者を長年やってきたこともあり、かつてはトレンドに振りまわされていた時期もありました。

昔からベーシックな洋服は好きでしたが、毎シーズン、次から次に発表される先鋭デザイナーたちの洋服や新しい服に刺激を受け、その都度買い足していたので、これは！　というものを手に入れたと思っても、翌年にはまた新しい服を見て買い足す、の繰り返し。ですから、お金がいくらあっても足りず……。しかも、いつまで経っても自分らしいスタイルにたどり着けないというジレンマがありました。

そうした経験から生まれたのが、

「**多くの粗悪なものより少しの良いものを**」

「**移り変わる流行より普遍的で美しいものを**」

という、僕のファッション哲学です。

身長と体重が同じ人でも、顔の大きさや首の太さ、腕の長さなど、それぞれみんな体型が違うわけですから、本当に大切なのは、**ベーシックなワードローブのなかから、自分に似合う一着を探し出す**こと。

似合っているかどうか、自分でわからない人は、自分がしっくりくるという感覚だけでなく、他人の意見に耳を傾けることも大切です。あとは、自分が理想とする男性の服装をよく見てみること。「学ぶ」は「真似ぶ」と言いますし、まずはその人のスタイルを真似することから始めてみるのもいいかもしれません。

エコノミック・ラグジュアリーという考え方

大人の男性に必要なのは、シンプルで上質な服ですが、すべてのアイテムに同じように投資するのはナンセンスです。

若い頃なら、高価なものをひとつ買ったらほかを我慢するという揃え方もあったかもしれません。ですが、それだと一点豪華主義になってバランスが悪く、今の時代感覚にもふさわしくありません。逆に、すべてのアイテムをほどほどなレベルで揃えるのも、それはそれで凡庸に見えてしまい、目指すべき質の高い着こなしにはほど遠くなってしまいます。

僕がこれまでの失敗から学んだのは、その折衷案。**要所となる部分と、消耗品へのお金の使い方を切り離して考える**ことでした。

例えば、靴やバッグ、腕時計やジュエリーは、流行にあまり左右されず、長く愛用できるものです。そのうえ、ビジネスはもちろん、ホテルやレストランなどでも人から見られることが多い部分。先行投資と考えれば、多少高価なものを買っても十分恩恵を感じられますし、費用対効果もあります。

一方、白シャツやTシャツ、アンダーウエアやソックスなどは、どんなに気をつけてメンテナンスしていても黄ばんだり傷んだりしてしまうため、頻繁に買い替えなければならず、高額なものに投資をしてもリターンを回収しきれません。

そこで、ある時期から割り切って、そういったものはコストパフォーマンスを重視して、すぐに買い換えられる価格帯のものを選ぶようにしました。

これが、僕の提唱する「**エコラグ**」です。

エコラグとは「Economic Luxury（エコノミック・ラグジュアリー）」の略で、「エコノミック（経済的）」と「ラグジュアリー（上質）」という、相反する意味を組み合わせた僕の造語です。安くて良いものと高くて良いもの、メリハリのある賢いお金の使い方をして、最短でカッコ良くなることを目指し、衣食住のファッション以外の部分でも豊かなライフスタイルを目指そう、というメッセージを込めています。財布にやさしく（経済的で）、やり過ぎることなく、かつ無駄のない、シンプルで上質なスタイルこそが、エコラグの真髄です。

スタイルに必要なのは最後の引き算

お洒落がわかって楽しくなってくると、逆にお洒落に失敗してしまうことがあります。その原因が「お洒落に見られたい」という衝動です。

ここに4つのタイプの男性がいるとします。

①派手な服を着て、印象に残る人
②派手な服を着ているのに、印象に残らない人
③地味な服を着て、印象に残らない人
④地味な服を着ているのに、印象に残る人

このなかで大人の男性が目指すべきは、何番でしょうか？

①と③は中身に関係なく、見た目の通り。②は、いい大人が頑張ってお洒落をアピールしてイタい印象になり、周囲を不快にする、とても残念なケースです。まさに、「過ぎたるは猶及《なおおよ》ばざるが如し」であり、やり過ぎることは、やらな過ぎることと同じく

らい、望ましくはない状態ということです。つまり、目指すのは④です。服ではなく、その人自身が印象に残ることが、大人の服装術であるべきだと思うのです。

だからこそ、目指すのは「究極の普通」。実際、僕がお洒落の師匠と慕っているファッション業界のプロフェッショナルな方たちも実はベーシックな服を着ていて、自分のスタイル(型)を持っています。ロロ・ピアーナの会長だった故セルジオ・ロロ・ピアーナさんや、現会長である弟のピエール・ルイジ・ロロ・ピアーナさん。トッズの会長であるディエゴ・デッラ・ヴァッレさんなどはもちろんのこと、ミラノやパリのランウェイショーの最後に挨拶に出てくるデザイナーや世界的に知られる一流デザイナーのアルマーニさんやトム・フォードさんなども、みんなそうです。

洋服にしてもヘアスタイルにしても、移り変わりの早いトレンドを追いかけていたら、いつまで経っても自分のスタイルにたどり着けません。本当に大事なのは、自分に似合うものを見つけて、それを常に磨き続けること。僕の場合、それがスーツスタイルでした。

20代後半から30代後半にかけては、ネイビースーツスタイルを磨き上げ、30代後半から40代後半にかけてのここ10年は、グレースーツスタイルを磨き上げてきました。

グレースーツに白シャツ、黒いネクタイというスタイルの中で、シルエットやディテール、素材、サイズ感、その他のアイテムとの組み合わせなどを吟味しながら、自分にふさわしいスタイルを研ぎ澄ませてきたといってもいいでしょう。たとえるなら、自分のためだけに造られた日本刀である本差と脇差を併用し、磨き続け、剣術をひたすら修練する感覚に近いかもしれません。

色を使わないモノトーンの無地同士の組み合わせのため、小手先のテクニックやごまかしは通用しません。わかりやすく言うなら、盛っていく「足し算の装い」ではなく、極限まで省いた「引き算の装い」。色を省き、余計なデザインや装飾を省き、できる限り無駄を削ぎ落とし、引き算をして、自分に一番合ったスタイル（型）を追い求めていく。だからこそ、素材やシルエット、組み合わせが際立つのです。**盛れば盛るほど中身は見えにくくなり、引けば引くほど中身が際立ちます。**

さまざまなものを経験して取捨選択し、残ったものが自分のスタイル（型）です。だからこそ、その次のステップとしては、浮き彫りになった中身の根幹である肉体はもちろん、身だしなみや考え方、言動、生き方も磨いていかなければ、真の意味でのカッコ良さには到達できないのです。

大人に必要なのは「ファッション」ではなく「スタイル」

ここまでの話で気づいた方もいると思いますが、この本で僕が提案したいのは、「ファッション」ではなく「スタイル」です。

スタイルというのは、いわば「型」。目まぐるしくトレンド（流行）が変わるファッションとは異なり、スタイルは一度、捉《とら》えると古びることはありません。

スタイルが重要なのは、服装のルールが厳密なスーツスタイルだけでなく、ルールのない自由な装いが許されるカジュアルスタイルにおいても同様です。

以前、僕の3冊目の著書『干場義雅が教える大人カジュアル 究極の私服』（日本文芸社）の冒頭にも、「大人のカジュアルスタイルは難しい。なぜなら、公の場で着るスーツやタキシードのように、着るべき洋服に厳密なルールがなく、また乗馬や狩猟、ゴルフなどのようにある程度のTPPOSも決まっていないからです」と書きました。

カジュアル＝自由ということは、基本的には何を着てもいいし、好きなものを自由に着ればいいのです。だからこそ難しいし、世の多くの人が「何を着ればいいのか？」と頭を悩ませるのです。

ファッションという言葉から派生したファッショナブルという言葉があります。これは、Fashion + able と書き、直訳すると「流行っている、流行の」という意味です。ですから、「あの人、ファッショナブルよね」という言葉は、「あの人、流行の服を着ているよね」という意味になります。

流行に敏感な若い女性ならまだしも、いい大人の男性が見た目のことばかり考え、ファッショナブルであり過ぎるのは決してカッコいいものではありません。女性になったつもりで自分を客観視してみても、大人の男性が流行のお洒落をし過ぎているのは、頑張り過ぎている感じがしてイタく見えるし、地に足が着いていない感じがします。ですから、耳馴染みがない言葉かもしれませんが、「ファッショナブル」ではなく「スタイラブル」を目指してほしいのです。

そうすると、やはり大人の男性は「究極の普通」に見える服装が、現在の僕にとっての最適な解答です。

10メートル先から目立つような服装は、野暮以外の何ものでもありません。だから僕自身、ブランドロゴが入った洋服は、シャレでたまに着ることはあっても、本来は好きではないし、男性が男性らしくカッコ良く見えるスタイルは、そもそもそんなに多くはないと思うのです。

それゆえ、何でもありが許されるカジュアルスタイルでさえ、手を出すアイテムは極力絞ったほうがいいと考えています。日本のファッション界を牽引してきた山本康一郎さんや野口強さん、喜多尾祥之さんといった一流のスタイリストさんたちが、常に同じようなスタイルなのは、それを証明していると思います。自分に似合うスタイルを見つけたら、それを突き詰めるのが、カッコいい大人の男性への近道です。

ちなみに、懇意にしているあるイタリア人のファッション関係者は、男性のスタイルは究極を言えば4つだけだと言っていました。それは、「スーツ」「タキシード」「Tシャツにジーンズ」「水着」の4つ。これらが似合っていれば、それで十分なのだと。どれもシンプルなだけに奥が深く、4つともカッコ良く着こなすのはハードルがものすごく高いのは間違いありませんが、本当に必要なものという観点からしてみても極論とも言い切れない気がします。

彼らが訴えるスタイルの本質は、服の良し悪しではなく、その服を着る人の人間性を表すもの。つまり服が主役に見えるのは着こなしとして失敗であり、人が主役に見えるのが本当のスタイルだというのです。そう考えると、増え過ぎたファッションブランドが自然淘汰され、必要とされる洋服がきちんと評価され残っていくのは不思議ではありません。

自分のスタイル（型）を見つけ、それを長年かけて磨き続けていくと、やがて太い幹となり、しっかりと根を張った大木となり、大きなトレンド（流行）の風や雨が吹きつけても、嵐が来たとしても、多少のことではぶれなくなります。だからこそ、大人の男性に必要なのは「ファッション」ではなく「スタイル」。自分のスタイル（型）を見つけてほしいと強く言いたいのです。

以上が、僕の男性服に関する基本的な考え方です。

次章では実際にどんなものを買い揃えればいいのか、具体的なアイテムを見ながら解説していくことにします。

Chapter 002

究極のアイテム

Minimal Wardrobe 50

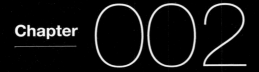

01

Knit **30/70**

3シーズン使えるシルクカシミヤのハイゲージニット

いろいろなニットを試しましたが、結局よく着るのは、細い糸で編まれた薄手のハイゲージニット。黒かネイビーで、ベーシックなかたちを選べば長く使えます。とくに重視すべきは素材。シルク30%、カシミヤ70%なら、真夏以外の3シーズン着られるうえ、素材の上質感がきちんとした印象を演出し、ビジネスにもカジュアルにも合わせやすいのです。そんな僕の欲しいニットをかたちにしたのが、海外ブランドからも信頼の厚い第一ニットの「トレンタセッタンタ（30/70）」。シンプルなデザインですが、白Tやシャツの上にも、ジャケットのインナーにも合わせやすく細部までシルエットが計算されており、一枚で着てもサマになります。コストパフォーマンスの高さに驚くはず！

（左上から時計まわりに）ニットポロ「ottimo」私物、クルーネックプルオーバー「ottimo」4万7300円、クルーネックプルオーバー「lusso」6万3800円、Vネックプルオーバー「sporta」2万9700円／すべてトレンタセッタンタ（第一ニットマーケティング）

02

T Shirt +CLOTHET

自分が着たいと思ってつくった究極の無地Tシャツ

厚手のゴワゴワした素材やプリント入り、極端なオーバーサイズのTシャツは、大人には不向きです。しなやかな風合いの上質素材で、ベーシックなかたちのものが、ビジネスシーンにも使いやすくておすすめ。色は、汗染みの気にならない白か黒の無地を選びましょう。そういう条件をすべて満たし、迷わず買えるのが「クロスクローゼット」のTシャツです。シルクのような光沢と肌触りを備えた超長綿素材スビンプラチナムを使い、高品質でありながら、ブランドの母体が国内有数の生地サプライヤーのため、価格は手頃です。丸首でもVでも白Tは常に白のまま着たいというのが僕のポリシー。なので、このTシャツを毎年まとめ買い。今、ほとんどこれしか着ていません。

（上から時計まわりに）「SUVIN PLATINUM SMOOTH シリーズ」POCKET TAILORED Tシャツ 8250円、POCKET BIG Tシャツ 8800円／ともに＋CLOTHET（クロスクローゼット）、V NECK T-SHIRTS〈ミニマルワードローブ限定商品〉7700円／＋CLOTHET（ミニマルワードローブカスタマー）

03

Shirt & Tie **ARCODIO**

ドレスシャツの常識を揺るがす驚異のコスパとクオリティ

スーツは長く着ることを前提に選ぶべきと思う一方で、ビジネス用のシャツは、下着であり消耗品。コスパの良いものが10枚あればいい、というのが僕の結論です。この「アルコディオ」のシャツは、パターンメイキングが素晴らしいうえに生地に高級感があります。そして、イタリア伝統の縫製技法を使い、要所はハンド仕上げをするなど、高級シャツと見紛うクオリティに加え、防シワ加工を施すなど、着る人の使い勝手の良さも追求しています。これでこの価格ですから、まとめ買いは当然。ナロータイは、ロロ・ピアーナのスーパー150's ウール素材の光沢と、5.5cm の細さが特徴。これほど完成度の高い無地の細いネクタイは、ハイブランドにもなかなかありません。

シャツ 3FUNCTION ブロード（黒・サックスブルー・白）6050円、（左下）LINEN 100%シャツ（白）7150円、（下中）タブカラーシャツ（白）6050円、ウールネクタイ「LoroPiana Super150's（紺・黒）」5500円／すべてアルコディオ（アルコディオ カスタマー）

04

Denim MINEDENIM

引き算の美学が詰まった大人のデニム

日本を代表するスタイリスト野口強さんは、僕のファッションの師匠の一人。その野口さんが手がけるデニムブランドが「マインデニム」です。数年前に初めてブラックデニムを買って以来、シルエットは美しいし、ストレッチがほど良く効いていて穿きやすいし、すっかり虜になりました。僕がよく穿いているのはブラックの「スーパースリム」というシリーズの中で一番細身のモデル。色落ち加減も絶妙で、すごく気に入っています。さらに最近、リジッド（色加工していない状態）の生デニムを使用したインディゴブルーの「スーパースリム」を追加。デニムを生から育てるのは、思春期真っ只中の高校生のとき以来なので、どんなふうに色落ちしていくのか楽しみです。

デニム「S.Slim STR 5pocket USD」私物、「S.Slim STR 5pocket OWS」3万3000円、「S.Slim STR 5pocket RGD」3万3000円／すべてマインデニム（マインド）

05

Short Pants **POLO RALPH LAUREN**

夏のスタイルに欠かせない定番の白ショーツ

僕の夏のスタイルには、白いショーツが欠かせません。ほかの色もアリなのですが、SEXYに見える黒やネイビーなどの濃い色のシャツやニットと合わせたときに、コントラストがついて爽やかにも見えるので、やはりショーツは白の一択。中でも「ポロ ラルフ ローレン」がお気に入りです。常に真っ白なままで穿きたいので、毎年定番モデルを買い替えているほど。1万円代という手頃な価格でガンガン穿けるのもポイントです。最大の魅力は、穿き心地の良いコットンで昔ながらのゆったりとしたシルエット。僕は下半身が華奢で、スリムなショーツを穿くとバランスが悪く見えてしまうのですが、これは腰まわりにボリュームがあるので、ちょうどいい感じに仕上がるんですよね。

ショートパンツ私物／ポロ ラルフ ローレン（ラルフ ローレン）

06

Pants DOLCE & GABBANA

白のリネンや黒シャツに抜群に合う黒のスラックス

イタリアのルーツに深く根差したオリジナリティ溢れるスタイルを提案する「ドルチェ＆ガッバーナ」は、若い頃から憧れの存在。このスラックスは、一見普通に見えますが、少しワタリ幅にゆとりがあり、絶妙にこなれた感じに見えるのが気に入ってミラノで購入したものです。２プリーツ入り、コインポケット付きのクラシカルな仕様ながら、流麗なシルエットや、落ち感のある素材がモダンな雰囲気を演出してくれます。やはり「黒」のパンツは、デニムと並ぶ男性のボトムの代表格。グレーパンツも便利に使えていいのですが、僕の中では、カジュアルになり過ぎず、ほど良くモードに見せてくれる黒のスラックスは欠かせません。とくにこの一本は秀逸の出来栄え！

パンツ私物／ドルチェ＆ガッバーナ

07

Suit **BEAMS**

これさえあれば!! な極上のカシミヤスーツ3着

カシミヤスーツは僕にとってここいちばんの勝負服。当然お値段も張りますが、20年前に「ビームス」の「ブリッラ ペル イルグスト」でつくったものは、着過ぎて穴が開いてからも2回直して愛用しました（笑）。長く着られるので投資価値は十分です。これはその2代目にして、今の僕にとって究極の3着といえるもの。ロロ・ピアーナ社のスパンカシミヤというカシミヤのなかでも最上級の原毛を使用した生地は、今までのカシミアは何だったの？と思うほどの着心地。もちろんシワになりにくく、型崩れもしにくいなど機能も超優秀。上下を組み替えて着まわすことも想定して、グレー、ネイビー、黒を大人買い。だってこれ、ラグジュアリーブランドなら一着60万円以上しますよ！

（上）グレーダブルスーツ23万1000円、（左上）ネイビーシングルスーツ22万円、（左下）ブラックシングルスーツ25万3000円／すべてブリッラ ペル イルグスト（ビームス 六本木ヒルズ）完売商品

08

Suit B.R.SHOP

毎日着てきた究極の普通のスーツ

2014年以来、8着ほどオーダーしているのが「ビー・アール・ショップ」のスーツ。このブランドが良いのは、従来のスーツとは違うジャケパンスタイルのような今っぽいシルエットのスーツがつくれるところ。僕のは、上着の肩幅は若干広く、袖をマニカカミーチャ（シャツのようにギャザーを入れた袖付け）にした干場仕様。前ボタンの間隔を狭めてVゾーンは広く、ウエスト位置を高くして、スタイル良く見えるようオーダーしています。スラックスは細身のテーパードですが、2プリーツ入りなので窮屈さはなく、穿き心地も抜群。パンツ単品としても愛用しています。要望を的確に汲み、卓越した仕立て技術で仕上げてくれるので、自分にぴったりの一着が完成しますよ。

すべてB.R.SHOP オリジナルパターン オーダースーツ私物 各12万5000円～（生地や仕様によって価格変更有）／すべてB.R.SHOP（ビー・アール・ショップ）

09

Set Up **NEIL BARRETT**

90年代のメンズモードを彷彿とさせるデザイン

僕が駆け出しの編集者だった頃、最も衝撃を受けたのが、ミニマルルックを提案したメンズモード創成期の「プラダ」でした。そんな90年代中盤のムードが今の気分とシンクロしている気がして、当時プラダメンズのディレクターだったニール・バレットのお店を覗いてみたんです。そうしたら、あの頃を彷彿とさせるデザインのセットアップスーツがあるじゃないですか！ 伸縮性のあるテクノストレッチ素材で色は黒。遊びにも使えるし、カジュアルなパーティにも着て行けそうだったので即購入しました。シワになりにくく単品使いもできるので、旅先でも便利です。あまりに気に入ってしまい、スラックスは2本買い。さらにその後、色・素材違いで6着買い足しました（笑）。

ジャケット14万1900円、パンツ6万6000円／ともにNeil Barrett（ニールバレット ギンザシックス）

10
Set Up G-TUNE×MOVB

ニューノーマル時代に求められる新しい仕事着

一般的なスーツとは別に、ウールジャージ素材のセットアップスーツを持っておくと便利です。こちらは、世界三大ウールの産地と言われるイギリスのハダスフィールド、イタリアのビエラに続く日本の尾州にあるソトーが手がける新ブランド「モーヴ」と「JALUX」のコラボ製品。シワになりにくく、長時間座って膝が伸びても、ハンガーに吊るしておけばすぐに復元。通気性や防臭効果もあり、お手入れいらずで扱いやすいので出張にぴったりです。また、軽く着心地が良いのに、ルーズに見えず、見た目にきちんとした印象になるのも魅力。Tシャツやスニーカーを合わせて少しラフに着たり、シャツやドレスシューズを合わせてもOK。上下はそれぞれ単品でも着られます。

ジャケット6万4900円、パンツ2万8600円／ともにモーヴ× JALUX STYLE（ソトー）

11

Coat TAKASHIMAYA STYLE ORDER SALON

オン・オフ問わず縦横無尽の着こなしが可能な黒のカシミヤコート

「タカシマヤ スタイルオーダー サロン」でつくったポロコートは、伝統的な意匠を忠実に再現するのではなく、バックベルトは残しながらターンナップカフスを省くなど、モダンにアレンジしたのがポイントです。これまではシングルのスーツの上にシングルのコートを着ていたのですが、ダブルのほうが落ち着きが良いのではと考え……。目指したのはクラシックで上質な仕立てと、モードな気分を両方楽しめる一着。色はグレースーツに相性の良い黒。生地はロロ・ピアーナ社の100%カシミヤを選びました。上質な光沢としっとりとした手触りはまさに究極の一着。スーツ用にオーダーしたはずが、デニムスタイルにも合うのは、自分のなかで大きな発見でした。

コート私物21万7800円（オーダー価格）／タカシマヤ スタイルオーダー サロン（日本橋高島屋）

12
Coat BRUNELLO CUCINELLI

着まわし力とラグジュアリーさが同居する究極のネイビーコート

コートは時に、スーツ以上に大きく印象を左右します。一番面積が大きいためでもありますが、ホテルやレストランなどで人に渡すことのある唯一のアイテムだからです。どんなに良いスーツを着ていても、ペラペラのコートを預けた時点で評価は下がってしまいます。だからこそ僕はコートにこそ投資をするのです。まずひとつ良いコートをという時におすすめなのが、カジュアルにもビジネスにも使いやすい膝丈のテーラードコート。この「ブルネロクチネリ」のコートは、シンプルなデザインと杢ネイビーの微妙な色合いが特徴。上質なカシミヤ100%の生地がノーブルな印象を醸し出してくれます。

カシミヤテーラードコート私物／ブルネロ クチネリ（ブルネロ クチネリ ジャパン）

13

Trench Coat **ES:S**

立ち姿が凛々しく映る大人のビッグシルエット

着る人によってはトゥーマッチに見えてしまう危険性のあるトレンチコートですが……。襟元や肩などに、本格的なミリタリーのデザインが入り過ぎていないシンプルなもので、少し大きめのシルエットを選べば、どんな人でも着こなしやすくなります。僕の場合、コートの着丈は膝上3cmくらいを目安にしていますが、トレンチは少し長めの膝下3cmに設定。この「エス」のコートはラグランスリーブの肩の落ちた感じや、ボタンを上まで留めたときの表情など、すべてが僕好み。ウエストのベルトをギュッと締めるとラップコート風になるし、締めずに着てもきれいなAラインのシルエットになるのが魅力で、素材や色を変えて4着も購入してしまったほど。

トレンチコート私物／エス（セコンド ショールーム）

14

Down Coat MOORER

寒さ知らずの究極にラグジュアリーなダウンコート

「ムーレー」のダウンコートは、プルミュールダウンと呼ばれる最高級のホワイトグースを使用するのが特徴。これがかなりの高性能で、真冬でもこれさえあれば寒さ知らず。ただ、以前に気に入って購入したモデル「ヘルシンキ」の防寒性は、マイナス50度まで耐えられるとハイスペック過ぎたので、さすがに日本の気候に即し、マイナス25度まで耐えられるこの「サッポロ」を買い直しました（笑）。フード部分には天然ファーをあしらい、ボタンやファスナーなどはすべて特注品を使うなど、細部まで抜かりありません。スーツにもデニムにも、スポーティなスタイルにも合わせられますから投資価値が十分にあります。気づけば、ムーレー愛も、15年目に突入です！

ダウンコート「SAPPORO」36万3000円／ムーレー（コロネット）

15

Outer **ERMENEGILDO ZEGNA**

イタリアの洒落者が好むM-65型ブルゾン

イタリアでは、お洒落なおじさんがM-65型ブルゾンをビジネススタイルの上に羽織っているのをよく見かけます。その真似をしたくて買ったのが「エルメネジルド ゼニア」で人気の「エレメンツジャケット」です。素材は柔らかな手触りと上質な艶を特徴とする、同社の最高級ウール生地トロフェオをベースにしながら、細孔が拡張・収縮することで温度・湿度の変化に対応する機能を兼ね備えたエレメンツ。しかも、外表面には撥水性や防汚性を備える仕上げを施してあるので、旅先でも使い勝手がすごくいいのです。オンの服装に似合うだけでなく、白パンに合わせたマリンルックとも相性抜群。いずれにしても、ミラノにいる普通のおじさんに見えるのがキモなんです。

アウター私物／エルメネジルド ゼニア（ゼニア カスタマーサービス）

16

Pea Coat 1PIU1UGUALE3 ×BLACK MILITARY BY YOSHIMASA HOSHIBA

オリジナルに敬意を払いつつモダンに昇華

ミリタリーウェアの魅力は、男性服のルーツであり、戦場で身を守るために極限まで研ぎ澄まされた機能的なデザインであること。このピーコートは、僕と「ウノ ピゥ ウノ ウグァーレ トレ」によるコラボで、英米海軍の艦上用防寒着として1930年代に生産されていたモデルがベース。10ボタン、4ポケット、首元のチンストラップ、13スターを刻印したボタンなどのディテールはそのままに、従来モデルの難点だった重さをイタリア製のウール混カシミヤ地を使うことで軽くし、着心地を良くしました。ウエストとアームホールを絞り、モダンな印象に仕上げたのもポイント。おじさんにこそ、こういう少年っぽさが見え隠れするピーコートが似合うと思うんです。

ピーコート19万8000円／ウノ ピゥ ウノ ウグァーレ トレ（1piu1uguale3 表参道ヒルズ）

17

Down & Pants **K-3B**

現代のビジネススタイルに超合理性を

国内の合成繊維の産地、石川県金沢市を拠点にするカジグループは、海外のビッグメゾンにも素材を採用される繊維メーカー。そんな同グループが手がけるのが「ケースリービー」という超合理性を目指すブランドです。立ち上げのきっかけは、カジグループの技術力で服をもっと便利にできないかという発想でした。素材には、動きやすく快適な伸縮性、雨に強い撥水性などを兼ね備えた同グループの合繊生地ブランド、カジフの4WAYストレッチ生地を使用。色は黒に限定しました。初年度から人気ショップの「ナノ・ユニバース」や「西川ダウン」とのコラボが実現するなど滑り出しは上々。働き方が多様化したビジネスパーソンが重宝するセットアップが揃います。

ナノ・ユニバース×K-3B×西川ダウン 4WAYストレッチ7WAYマウンテンダウンパーカー 6万500円、105_A 4WAYストレッチジョガーパンツ2万900円、100_G キシリトールメッシュグラフィックショーツ1万6500円／すべてケースリービー（カジナイロンk-3Bオンラインストア）

18
Hoodie THE NORTH FACE

アウトドアの機能性を普段着として活用

渋カジ世代の僕にとって、機能的なアウトドアウェアは昔から身近な存在です。なかでも「ザ・ノース・フェイス」は都会に似合う黒が多いことから、最近また買うようになりました。この「リバーシブルテックエアフーディ」は、片面はスポーティなナイロン素材、もう一面はストレッチ性に優れたニット素材になっていて、一着で２つの表情を楽しめるのが魅力。軽量かつ保温性と通気性に優れているのも特徴です。良質な天然素材もいいのですが、日常着としてガンガン着るにはこんな経年変化の少ないテック素材のアウトドアウェアを選ぶのも有効。僕はＴシャツの上から羽織って、スポーツジムや近所に出かけるときのワンマイルウェアとして活用しています。

リバーシブルテックエアフーディ私物／ザ・ノース・フェイス（ゴールドウイン カスタマーサービスセンター）

19

Riders **FIXER**

正体不明の「フィクサー」に僕がハマった理由

僕の場合、ライダースジャケットはダブルよりも断然コーディネートしやすいシングル派。「フィクサー」の「F2」モデルは、肩のパッドや革の素材感、前下がりになった身頃、袖口のディテールに至るまで、全部が気に入りました。自分の体型にぴったり合うのもありますが、前作「F1」に続き、また買ってしまう魔力があるのです。その理由は採算度外視の圧倒的なクオリティ。フィクサーの何がすごいかって、ブランドのプロフィールが明かされていないのに、店頭に出た途端、瞬時に完売してしまうこと。多くを語らない職人気質の実力派というのでしょうか（笑）。透明性が求められる現代で、ミステリアスな部分があるのはかえって魅力。その沼にどんどんハマっています。

ライダース「F2」28万6000円／フィクサー（Alto e Diritto）

20

Riders EMMETI×YOSHIMASA HOSHIBA

モデル名の由来は干場のイニシャル「H」から

ライダースは、大人の男性ならぜひ一着は持ってほしいアイテム。年中着られて、デザインが流行に左右されづらいので、上質なものを購入すれば、経年変化を楽しみながらずっと使えます。「エンメティ」はラグジュアリーブランドなら50万円はする品質にもかかわらず、10万円台前半という価格に圧倒され、虜になったブランド。そんなエンメティ好きが高じて、僕のわがままを反映させてもらったのが、この「H（アッカ）」。写真は新色の茶。特徴は、従来の革より厚手の9mmラムナッパレザーを使い、軽くて柔らかいだけでなく、ライダース特有のタフさを加えたこと。日本人向けにパターンを改良し、動きやすいのも魅力。フロントのVカットで脚長効果絶大です！

ライダース「H UOMO」16万2800円／エンメティ（インテレプレ）

21

Belt **JOHN LOBB**

シンプルなのに惹かれる圧倒的な素材の良さと計算されたかたち

世界最高峰の靴として真っ先に名前が挙がるのが「ジョンロブ」です。ロンドンとパリを拠点にしていますが、パリのジョンロブは1976年にエルメス傘下に入り、オーダーだけでなく既製品にも進出。世界にその名を轟かすようになりました。バックルがローズゴールドのベルトは同ブランドの「フィリップ2 ダブルバックル」というモンクストラップ靴とお揃いで購入。色だけでなくバックルの形状も同じだったことから、お店のスタッフにすすめられるまま買ってしまいました（笑）。ところが、これが思った以上に使いやすかったので、さらに汎用性の高いバックルがシルバーのベルトも追加。時計ケースやバッグの金具の色などに合わせて、黒2本を使い分けています。

ベルト各8万2500円／ともにジョンロブ（ジョン ロブ ジャパン）

22
Belt **BRUNELLO CUCINELLI**

贅沢なクロコダイルなのにカジュアルな要素を持つベルト

「ブルネロ クチネリ」は、クラシックの普遍性と、今の時代の軽やかな空気感を孕む希有なブランドです。ネイビー、グレー、ベージュといったイタリアの街に溶け込むニュートラルカラーで生み出されるアイテムは、1シーズンで着られなくなるようなものはなく、買い足していくことでワードローブに深みを増すものが多いのです。55ページで紹介したコートもこのベルトも違うシーズンに購入したものですが、どちらも古びることなく、さまざまな着こなしに使えます。革はクロコダイルで、ウェスタンベルトのような3点留めの金具はシルバー製。経年変化を楽しめます。贅沢な素材を、あえて長めに垂らしてカジュアルに使うのがキモ。大人ならではの遊びが楽しめます。

ベルト34万6500円／ブルネロ クチネリ（ブルネロ クチネリ ジャパン）

23

Shoes JOHN LOBB

ビスポークの手法を取り入れた既成靴の最高峰

40代半ばを過ぎ、自分のスタイルを確立したあたりから、究極の定番と呼べるものが欲しいと思うようになりました。英国靴を代表する「ジョンロブ」のストレートチップもそのひとつ。本当はビスポークが希望でしたが、納品まで時間がかかるというので断念。そこでプレステージラインの特徴であるビスポークの要素をふんだんに取り入れた「フィリップⅡ」を選びました。これは既成靴の最高峰と言われ、その出自は1985年当時のビスポークで人気モデルだった「フィリップ」に由来します。フォーマルな場面でも履くことを考えるとパンチングがないのが正式なのですが、飾りが繊細で目立たないので大丈夫かなと。手入れをしながら一生ものとして大切に履いています。

靴「Philip II」26万4000円／ジョンロブ（ジョン ロブ ジャパン）

24
Boots GEORGE CLEVERLEY

世界中のセレブに愛されるビスポーク靴の超有名店

「ジョージクレバリー」といえば、ビスポーク靴が有名ですが、僕がロンドンにある本店で購入したのは、既製品のサイドゴアブーツ。アイコンのチゼルトウといい、細身でシャープなシルエットといい、実に美しいバランス。ノーズの長さも僕好みだし、革の質感も完璧です。よく着ているスーツはもちろん、カジュアルなデニムスタイルのときも履いています。シンプルなサイドゴアブーツは、スニーカー以上、ドレスシューズ未満の適度なきちんと感があり、とても合わせやすいので、大人の男性にはぜひ手に入れてほしい定番の靴です。ブーツは、金具や紐などがついていないシンプルなものを選ぶのがいちばん。最初の一足として使いやすいのは、やはり黒です。

サイドゴアブーツ私物／ともにジョージクレバリー

25

Shoes & Boots **WH**

爆売れが止まらない！ 歩きやすくてカッコいい靴

「ビジネスパーソンにもっと歩きやすくてカッコいい靴を！」という思いから、シューズデザイナーの坪内浩さんと開発したのが「ダブルエイチ」です。一番のポイントは、スーツに合うのにスニーカーのように軽く快適な履き心地。厚めのラバーソールは身長が5㎝アップし、スタイルが良く見えます。雨の日も履けて、オールソール交換も可能なので長く愛用できるのもポイント。もちろんカジュアルにも合わせやすく、年々ファンは増加中。また、2021年はエレガントな細い筒のサイドゴアブーツもつくりました。歩きやすさと耐久性を兼ね備えた特別な製法で、ヒールの高さは4㎝と厚底ではありませんが、しっかり脚長効果が期待できます。どちらもヘヴィロテ中です。

プレーントウ「WH2S-0001」5万5000円、サイドゴアブーツ「WH-6900S」7万4800円／ともにダブルエイチ（オリエンタルシューズ）

26

Shoes **GUCCI**

ひと目ではブランドがわからない奥ゆかしさが魅力

たまたま入ったお店で予期せぬ出合いがあるのも、古着店巡りの醍醐味です。「グッチ」のこのローファーがまさにそう。最初は買うつもりがなかったのですが、試し履きしてみたら、驚くほど履きやすく、サイズもぴったり。これも何かの縁だと思い、購入に至りました（笑）。「ジェイエムウエストン」などの王道ローファーと比べると、ノーズがやや長くてモダンな印象。年代は不明ですが、中古品のわりにコンディションが良く、色も革の質感も気に入っています。レザーソールの靴全般をそうしているのですが、入手後はつま先をトウスチールで補強。ソールにビブラム社のラバーを貼り、ダイナイト社のヒールに交換しました。今では夏のショーツの最良のパートナーです。

ローファー私物／グッチ

27

Shoes TOD'S

ドライビングシューズの代名詞的存在がさらに進化

「トッズ」のアイコン「ゴンミーニ」は、靴底に100個以上のラバーペブル（ゴム突起）がついたドライビングシューズの代名詞的存在。このモデルを街履き用に靴底全面をラバーにしたのが「シティ ゴンミーニ」です。そして2020年秋、さらに進化を遂げた「ニュー シティ ゴンミーニ」が誕生しました。新しいゴンミーニの特徴は、つま先の形状がスクエアからラウンドに変更された点。運転時のペダル操作向上のために、ヒールまで巻き上がったソールも変更点のひとつで、ラバーペブルが大きくなり、より履き心地がソフトになりました。色や素材はほかにもありますが、自分のスタイルに合わせて黒の型押しカーフレザーをチョイス。ますます出番が増えそうです。

靴「ニュー シティ ゴンミーニ」7万400円／トッズ（トッズ・ジャパン）

28

Sneakers TOD'S NO_CODE

従来の常識にとらわれないタイムレスなスニーカー

イタリア製のクラシカルなドレスシューズと、最新テクノロジーを搭載するスニーカーを融合した「トッズ」の新しい顔が「トッズ ノーコード」です。コード（規定）にとらわれないクリエイティブなプロジェクトとして、2018年の誕生以来、人気が急上昇中です。手がけるのは韓国出身のインダストリアルデザイナー、ソク・ヨンベさん。従来のファッションデザイナーの枠にとらわれない発想が、ノーコードの斬新さに繋がっているんだと思います。現在４代目まで出ていますが、僕が持っているのはレザー＆ネオプレンを用いた初代モデル。独特の優雅な雰囲気があり、カジュアルな場面だけでなく、ジャケットスタイルにも対応できるのがうれしいですね。

スニーカー「トッズ ノーコード #01」私物／トッズ（トッズ・ジャパン）

29

Sneakers **PATRICK**

重厚な見た目からは想像できない極上の履き心地

ビジネスにもカジュアルにも合わせやすいスニーカーの条件は、シンプルなデザインで、色は白か黒の無地、かつレザー素材でソールが白いものです。この「パトリック」も、その条件を満たしつつ、大きく張り出したコバや厚みのあるソールで足元にボリュームを出せるのがポイント。デニムやくるぶし丈の細身のパンツに合わせたとき、足元にボリュームがあると脚が長く細く見え、全体のバランスも良く見えます。そのため、ほかのスニーカーも、僕は実際の足のサイズ 43（27cm）より大きめの 44 を買って、紐をぎゅっと結んで履いています。スポーツブランドなどで探す場合は、そのブランドが昔からつくっている定番のデザインを選べば間違いありません。

スニーカー私物／パトリック（カメイ・プロアクト）

30

Sandals **HERMES**

いつの日か高級リゾートで履くのを夢見るサンダル

以前、アッパーに「H」モチーフをあしらったモデルを買ったのですが、これは一見どこのブランドかわからないところと、柔らかな履き心地の上質なレザー素材が気に入って、直営店で購入。見ようによってはラグジュアリーなビルケンシュトックみたいで面白いかなと……。色はモカと迷いつつ黒の水着が多いので、それに合わせて黒をチョイス。しばらく船旅に出かけていなかったので、今度こそはと出番を心待ちにしていたところにコロナ禍が！そんなわけで高級リゾートに連れて行くはずが、もっぱら近場用のサンダルとして活躍するハメに。履くたびに「君にはもっとふさわしい舞台があるはずだから待っていてね」と心のなかでつぶやいています。

サンダル私物／エルメス

31

Bag **HERMES**

センスの良さとバランス感覚が試される究極の贅沢バッグ

「エルメス」の「バーキン」は、地中海クルーズの寄港地として立ち寄ったモナコでヴィンテージものを買い、初めてその存在感の大きさを知りました。バーキン以外のコーディネートを頑張ってしまうと、やり過ぎに見えてカッコ悪いし、きれいに使い過ぎても後生大事にしているようで、こなれて見えません。ある意味、このバッグを購入したことで、引き算とバランス感覚を学ぶことができました。当初はあらゆる着こなしで使っていたのですが、もともと女性用で、男性がスーツに持つのはちょっと!?と感じ、グレースーツの着こなしを極めるためのバッグとして、書類ケース「サック・ア・デペッシュ」を購入。日々組み合わせや着こなしを研究中。一生ものです。

バーキン私物、サック・ア・デペッシュ私物／すべてエルメス

32

Backpack **PRADA**

ラグジュアリーの概念を覆したブラックナイロン

「プラダ」はデビュー当時から大好きで、一時期は全身プラダだったことも(笑)。今も時間があるときは、青山や銀座のお店をよく覗いています。このバックパックは、僕にとって2代目。以前はブルーの迷彩柄を使っていたのですが、カジュアルなスタイルには合うものの、仕事着に合わせるのが難しく、黒無地を買い直しました。テクニカルファブリックのブラックナイロンは、とにかく軽量でモダンな印象。艶のある生地はスーツに合わせても違和感がなく、ビジネスにもカジュアルにも合わせやすいのが魅力。出張にも休日にも、さまざまな場面で大活躍しています。登山のバックパックにあるような男っぽいデザインも、シンプルなスタイルのアクセントになります。

バックパック 21 万 8900 円(予定価格・仕様変更有)/プラダ(プラダ クライアントサービス)

33

Bag PELLE MORBIDA

普段使いだけでなく小旅行にも便利な最強のコスパバッグ

僕はバッグも基本は黒か茶しか持ちません。選ぶ際の条件は、傷がつきにくい革で密度が高く型崩れしにくいもの。さらに、コーディネートに溶け込むシンプルでスタンダードなデザインで、しかも軽いもの。すべてを満たすものがなかなか見つからなかったので、理想のバッグをつくりました。それが「ペッレ モルビダ」。大人のための、適正価格にこだわったバッグブランドです。僕は、モダンな印象の洋服を着ていても、どこかにクラシックな趣を残すことを信条にしています。このバッグもモダンとクラシックが同居する佇まいを意識しました。シャープに見える錠前をアクセントとして効かせ、内部は仕切りのない大容量サイズで、荷物を無造作に放り込めるのが魅力です。

ボストンバッグ９万7900円／ペッレ モルビダ（ペッレ モルビダ 銀座）

34

Bag CISEI

ニューノーマル時代にふさわしいショルダーバッグ

フィレンツェを拠点にバッグブランドを立ち上げ、孤軍奮闘する大平智生さんには、いつも刺激と勇気をもらっています。そこで日本以上にコロナ禍でダメージを受けている異国の盟友の力になりたいと考え、コラボを決意。私的な不便を解消したい、という思いをデザインの起点にしました。僕は極力手ぶらで出かけたいタイプですが、それでも最低限携行したいものもあります。それらのサイズを綿密に計り､全部入れることを想定して大きさを決定。素材には傷つきにくい型押しカーフレザーを選び、使い勝手を考えてあえてポケット類は排除しました。ストラップは着脱可能で幅広い用途に対応。仕事時だけでなく、近所にご飯へという場面でも重宝しています。

ショルダーバッグ「2Way Remote Shoulder」ミニマルワードローブ別注商品 7 万 4580 円／シセイ（ミニマルワードローブ カスタマー）

35

Watch **VACHERON CONSTANTIN**

スーツに合わせる世界最古の究極の腕時計

大人はやはり、良い腕時計を一本持つべきだと思います。海外のホテルやレストランでは、腕時計を見てその人を判断するということが少なくないからです。「ヴァシュロン・コンスタンタン」のような世界的名品をしていれば、それだけで信頼を得られます。僕がしているのは「フィフティーシックス」という、1956年の腕時計にインスパイアされたコレクション。18Kピンクゴールドのケースにムーンフェイズを搭載したコンプリートカレンダーの文字盤はデザインが絶妙で、親しみやすくてモダン。しかもエレガントな雰囲気があるのでスーツのときはほとんどこれ。毎日つけられて、長く使える腕時計にこそ投資して、それが似合う大人の男を目指すのがいいと思うのです。

腕時計「フィフティーシックス・コンプリートカレンダー」479万6000円／ヴァシュロン・コンスタンタン

36

Watch PATEK PHILIPPE

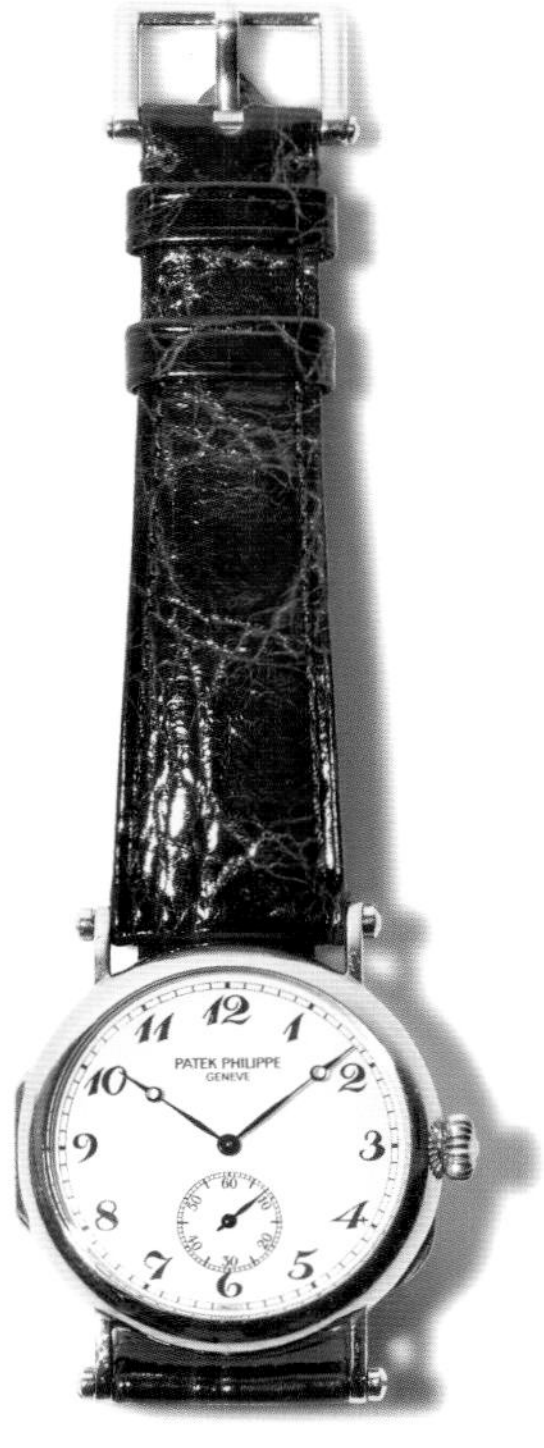

45歳の誕生日に思い切って購入した機械式時計

2010年に独立して以降、一刻も早く自分のスタイルを確立したいと思ってきました。無地のスーツを上質な生地で仕立てたり、似合う白シャツを見つけたらまとめ買いするのも、その着こなしをさらに研ぎ澄ますため。そんな、毎日が勝負という時期に、茶の革小物に合わせる腕時計に出合いました。それが45歳の誕生日に思い切って買った「パテック フィリップ」の「カラトラバ」です。僕が選んだのは1980年代に製造された裏蓋付き腕時計で「オフィサー」というヴィンテージモデル。極限まで削ぎ落とされた意匠が、自分のスタイル哲学に通じ、少し無理してでも手に入れるべきだと思ったのです。この普遍的な美しさは神の領域。100年先も使える究極の機械式腕時計です。

腕時計「カラトラバ　Ref. 3960（150周年記念モデル）」私物／パテック フィリップ

37

Watch AUDEMARS PIGUET

起業時の初心が刻まれたラグジュアリースポーツウォッチ

オーデマ ピゲの「ロイヤル オーク」は、37歳で自分の会社を立ち上げたときの記念として購入。自分と同じ1973年生まれというのにも運命を感じました（笑）。ロイヤル オークは、機械式ムーブメントはもちろん、英国王立艦船に由来する八角形のベゼルや、ストラップの各パーツを一つひとつ丁寧に磨き上げることでも知られる、時計史に残る名作。スーツにもカジュアルにも似合う「ラグジュアリースポーツウォッチ」という分野を切り拓いた先駆時計として、ほとんどのシーンに対応するのが魅力です。今考えると、意を決しての清水買いでしたが、初心忘るべからずというか、いつでも独立時の新鮮な気持ちに引き戻してくれる大切なタイムピースになっています。

腕時計「ロイヤル オーク オートマティック」私物／オーデマ ピゲ

38

Watch BREITLING

ブラッド・ピットも愛用するタフでハードな腕時計

軟派より硬派、流行より普遍、歳を重ねるほど、時間が経つほど味わいが増すものに惹かれるようになっています。そんな気分にしっくりきたのが「ブライトリング」の「クロノマット」でした。この腕時計は1983年にイタリア空軍の公式時計に認定され、翌年に市販モデルとして登場。あまりの人気に発売当初はイタリアの時計店で「クロノマット売り切れ」の張り紙が出されたそう。なんといってもその魅力は、空ではパイロット、陸ではF-1パイロット、海ではセイラーが愛用する、男らしいデザインと機能性、汎用性にあります。ブラッド・ピットが愛用するグローバルモデルとは異なる色ですが、僕はモノトーンのジャパンエディションを購入。一生の相棒にするつもりです。

腕時計「クロノマット B01 42 ジャパン エディション」97万9000円／ブライトリング（ブライトリング・ジャパン）

39

Watch **MARATHON**

スーツにあえて軍用時計を選ぶ洒脱なセンス

「トッズ・グループ」の会長のディエゴ・デッラ・ヴァッレさんがしていた腕時計が気になり、調べてみると軍用時計のブランドだということが判明。1939年にカナダで創業した「マラソン」は、各国の政府や軍隊に特化した計器を製造していたため、一般にはあまり知られていなかったようです。工房があるのはスイスのラ・ショー・ド・フォン。すべての時計が、この代表的な時計都市で製造されています。実際に着けてみると軽くて丈夫、視認性も良好で、アシンメトリーのデザインや少し小さめのサイズも絶妙なうえ、価格も手頃。スーツにはレザーベルトが合うとされていますが、あえてこんな腕時計をするディエゴ会長の洒脱な遊び心にはいつも驚かされます。

腕時計「MARATHON Navigator Date Pilot WW194001」6万6000円／マラソン・ウォッチ・カンパニー（ミニマルワードローブカスタマー）

40

Watch Belt THE SOLE

時計ベルトを替えるだけでスタイルが自在に

僕が「NATOベルト」を知ったきっかけは、映画『007』シリーズでジェームズ・ボンドが、海軍に支給されていたナイロン製のNATOベルトがついた「ロレックスのサブマリーナー」をしていたから。ナイロン製のNATOベルトは基本的にスポーツウォッチ向きですが、この「ザ ソール」のベルトは、ドレスウォッチにも装着できるよう表面にマットブラックのクロコダイルレザーを使用しているのです。しかも裏面はオーストリッチという豪華さ。少しベルト幅を狭くして、薄型のドレスウォッチにも似合うように改良されているので、高級時計をカジュアルに見せるのはもちろん、ダイバーズウォッチもこのベルトに替えれば、なんとスーツにも合わせやすくなります！

NATOベルト クロコダイルブラック（シルバー）2万7500円／ザ ソール（スピラーレ）、腕時計私物／ロレックス

41

Stole **LORO PIANA**

うっとりするほど上質なカシミヤ大判ストール

巻き物は、着ることの多いネイビーやグレー、ブラック、ブラウン、オリーブグリーンなどの洋服に相性が良い色を選ぶようにしています。僕が愛用しているのは「ロロ・ピアーナ」の「オペラ・ストール」。フリッソン仕上げと呼ばれる独自の手法により、波打つような表面と艶を実現させたストールで、100%カシミヤでできています。着こなしに動きを与える長めのフリンジや、品質保証のシリアルナンバーが入っているのも特徴。少しくすんだブルーのタルカム・パウダーという色は、主にカジュアルスタイルに。キャメルはクラシックスーツに合わせて使っています。一枚でコート代わりになるほど暖かいので、肌寒い日に女性の肩にかけてあげても喜ばれますよ。

ブルー「オペラ・ストール」13万8600円、キャメル「グランデ・ウニタ・スカーフ」6万500円／ともにロロ・ピアーナ（ロロ・ピアーナ ジャパン）

42

Ring ASPREY

英国紳士たちが唯一許されるシグネットリング

「アスプレイ」は英国王室御用達の格式高いブランド。なかでも小指にはめるシグネットリングは、結婚指輪さえしない英国紳士が唯一しても許されるジュエリーです。男性の宝飾品のなかで最も古い歴史を持つそうで、ヨーロッパの貴族が各々の印章や紋章をリング上部に刻んだのが最初だとか。特権階級だけに与えられた権利で、裕福であることの証明でもあったのです。英国ではサヴィル・ロウでスーツを仕立て、ニュー・ボンドストリートで小物を揃えるのが紳士の嗜みと言われています。そのニュー・ボンドストリートに旗艦店を構えるのがアスプレイなのです。そんな話を聞いたら我慢できなくなってしまい、イニシャルの「YH」を入れた18Kリングをオーダーしました（笑）。

シグネットリング36万3000円〜（サイズ、刻印などによって価格変更有）／アスプレイ（アスプレイジャパン）

43

Jewelry DAMIANI×YOSHIMASA HOSHIBA

愛する人とお揃いで着けたい独創性溢れるネックレス

「ダミアーニ」が人気の理由は、究極なまでにシンプルで美しく、いろいろなファッションに似合うこと。そんなイタリアが誇るハイジュエラーと共同でデザインしたのが、この「ベル エポック・ソロ ウーノ」です。ソロ ウーノはイタリア語で「ひとつだけ、唯一」の意。愛する人と、さり気なくお揃いで着けてほしいという願いを込めて、ブラックダイヤモンドのクロスの中心に、ひと粒のホワイトダイヤモンドがキラッと輝くように配置しました。もともとジュエリーを見せびらかすのは苦手なのですが、身に着けている姿を自分自身で見られないネックレスは、いわば愛する人のためにあるもの。タイムレスな魅力があるので、大切なパートナーと一緒にどうぞ。

ネックレス「ベル エポック・ソロ ウーノ」トップ約 2.1x1.7cm WG ×ブラックダイヤモンド 0.4ct ×ホワイトダイヤモンド 0.06ct チェーン全長約 50cm 48 万 2900 円／ダミアーニ（ダミアーニ 銀座タワー）

44

Wallet Chain **MIWA**

シックな大人のスタイルに上品なアクセントを

シンプルなウォレットチェーンをずっと探していて、やっと見つけたのが「ミワ」のものでした。チェーンは「あずき」と呼ばれる形状に、美しい4面カットが施されているのが特徴。また、一つひとつロウづけ加工しているため切れにくいうえに、925シルバー製で酸化による黒ずみ防止のためのコーティング加工もしています。長さも絶妙で、ジャケットを着たときに少しだけ見えるのもポイント。僕は日常的にスーツ中心のスタイルが多いので、こんな上品なアクセサリーは本当に重宝します。セオリーに則った正統派の着こなしもいいのですが、そればかりだと飽きてしまいますからね。もちろん休日のカジュアルにも好相性。少しアクセントをつけたいときに効果的です。

シルバー製ウォレットチェーン5万9400円／ミワ（宝石専門店ミワ）

45

Socks **GLEN CLYDE**

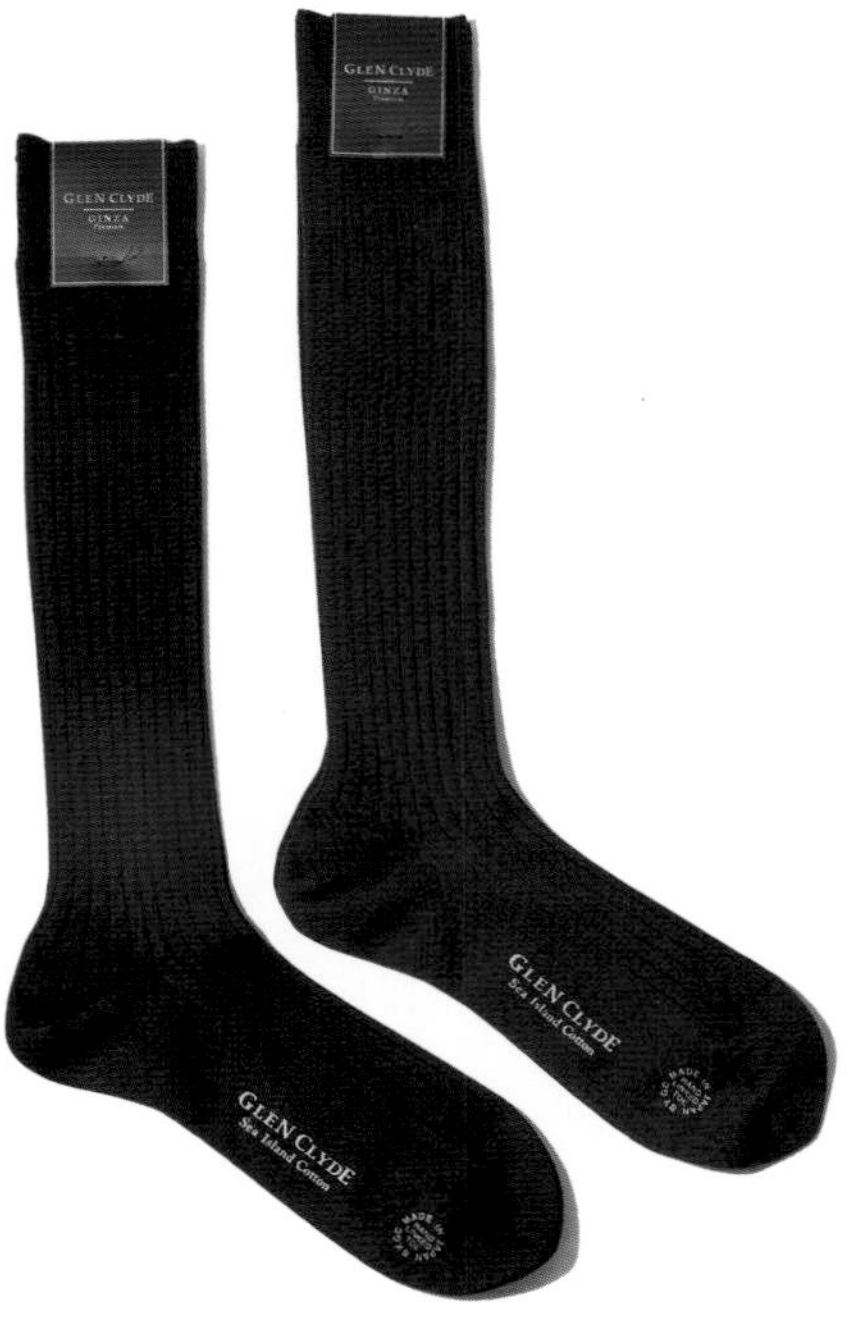

コスパに優れたメイド・イン・ジャパンのロングホーズ

スラックスの裾から生足が見えるのが嫌なので、スーツスタイルにロングホーズは欠かせません。黒い靴ならホーズも黒。靴の色に合わせて同色のホーズを揃えています。僕が愛用しているのは「グレン・クライド」のもの。東京の文京区を拠点とする日本製なのですが、とても良くできていて、限られた取引先としか契約しないとされるシーアイランドコットン（海島綿）を採用しています。そのせいもあって、上品な光沢と履いたときに感じるなめらかさは格別。また、糸の番手や撚り回数などを独自で研究し、さらに裏糸やリブの目、つま先にも職人による手作業を施しているそうです。ふくらはぎ、くるぶしで圧迫感を変えているのも心地良く、常にまとめ買いしています。

ロングホーズ各3850円／グレン・クライド シーアイランドコットン（GLEN CLYDE Sock club Tokyo 日比谷 OKUROJI 店）

46

Cap TAKAHIROMIYASHITATheSoloist.

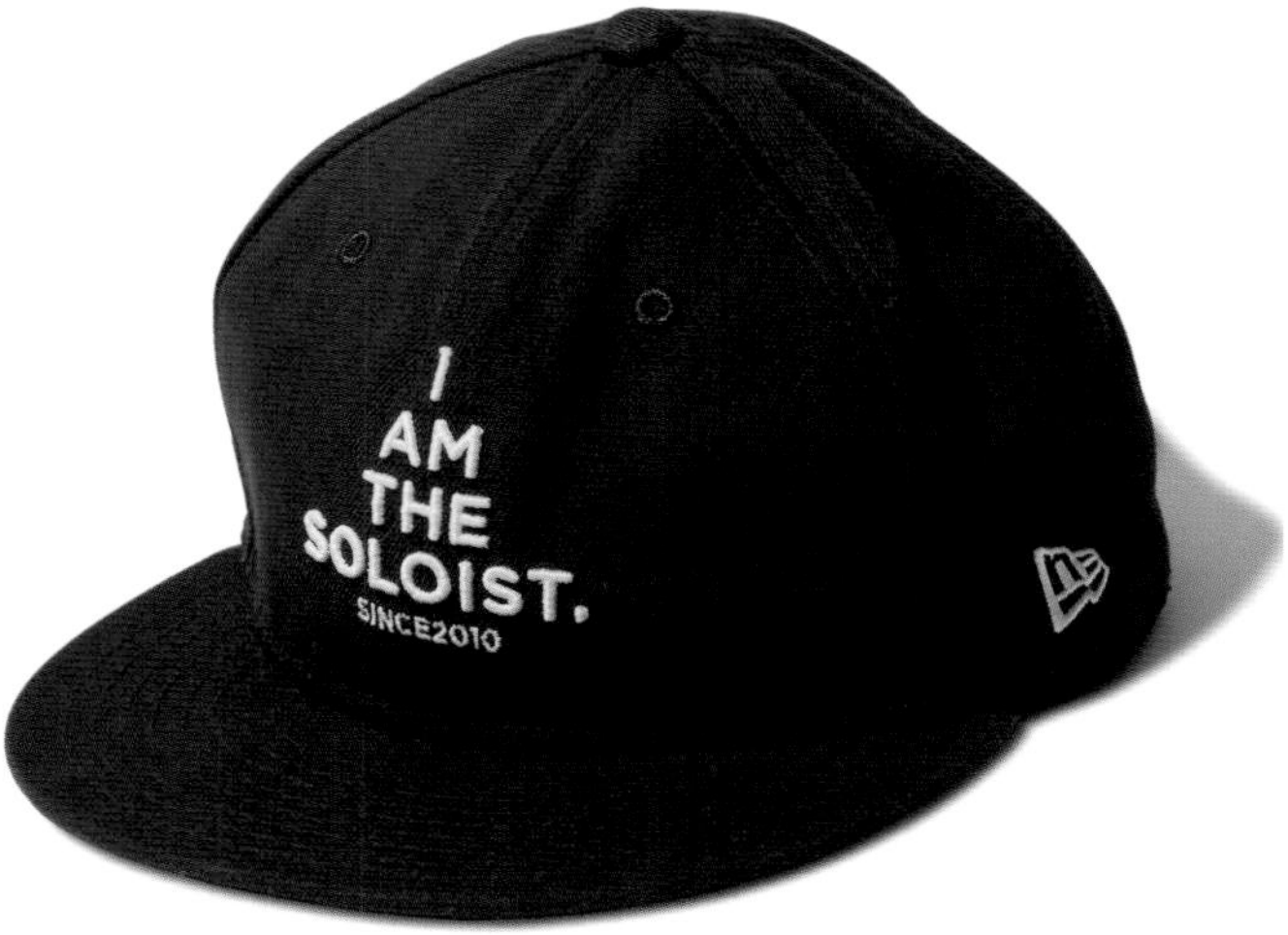

同級生の活躍がクリエイティビティを刺激

「タカヒロミヤシタザソロイスト.」のデザイナー、宮下貴裕くんは中学時代の同級生。彼のつくる洋服は、男性服のルーツである制服的な要素を網羅していながら、音楽やアートが複雑に絡み合い、ショーの演出まで含めて独創的な総合芸術のよう。だからキャップだけでも僕にとっては、かぶるたびにクリエイティビティの高さと、大切さを突きつけられているような気持ちになります。コロナ前に購入したのですが、自粛生活をしているとなかなかヘアカットにも行けないし、髪の毛にウイルスが付着するのを防ぐためにもキャップは重要。しかもこれ、防水・抗菌機能のあるGORE-TEX®素材を使っていて、今では外出時に欠かせないアイテムになっています。

キャップ私物／（タカヒロミヤシタザソロイスト.）

47

Eye Wear **MOSCOT**

1950年代に誕生した永遠のアメリカンスタンダード

「モスコット」はニューヨークで5世代にわたって家族経営を守り続け、古き良きものづくりの精神を大切にする老舗メガネ専門店。僕が愛用しているのは1950年代に誕生して以来、同店を代表する「レムトッシュ」。黒にはグレー、茶にはブルーの濃度25%のカラーレンズを入れたものです。ジョニー・デップがかけていたことでも有名ですが、ボストン型でありながら、ほかではお目にかかれない独特のレンズシェイプが魅力。顔に合わせてサイズが選べ、色の種類も豊富なうえ、クラシックなデザインならではの安定感があります。ただ、メガネはその人に似合うことが大前提。モスコットは普遍的なデザインを多数揃えているので、ほかのモデルも試してみてください。

メガネ「LEMTOSH」各3万4100円／ともにモスコット（モスコット東京）

48

Eye Wear **FIXER**

外国人俳優のようになれる眉毛の出ないサングラス

この手のサングラスでは「レイバン」の「ウェイファーラー」が有名ですが、僕がかけるとリムの上に眉毛が出てしまいます。アジアンフィットモデルを含め６～７本所有していますが、憧れの外国人俳優のようにならないのが積年の悩みでした。ところがこの「フィクサー」は、かけた途端、自分に合うとわかったほど。まず鼻の両面にフィットしてズレない。しかも眉毛がほぼ出ないんです。デザインは、ウェイファーラーより吊り目のキャッツアイ型。それが僕の顔型に合っているのかもしれませんが、実にカユいところまで手が届くつくりです。あまりに気に入ってしまい、黒のマットフレーム×グレーレンズと、黒の艶ありフレーム×黒レンズの２本をまとめ買いしました(笑)。

サングラス「BLACK PANTHER」７万1500円／フィクサー（Alto e Diritto）

49

Pocket Chief **RUBINACCI**

自分のスタイルの分岐点になったナポリの達人ワザ

『LEON』時代、ナポリの仕立て文化を紹介するために現地を訪れた際、取材に応じてくれたのがマリアーノ・ルビナッチさんでした。そこでネイビージャケットに似合うポケットチーフを尋ねたところ、日中はシルク製で艶なし、夜は同じシルク製でも艶ありを使い分けなさい、というアドバイスとともに提案してくれたのが、このペイズリー模様のポケットチーフです。茶色の靴に合わせるときに、靴の色の濃淡に合わせて見せる部分を調整するのがポイントだそうで、この取材が、僕がイタリアンクラシックに傾倒するきっかけになりました。帰国後、ルビナッチさんの装いを真似するあまり、このチーフは使い過ぎて中央が破れてしまったほど。思い出の一枚です。

ポケットチーフ私物／ルビナッチ

50

Pocket Chief **MUNGAI**

スーツスタイルを正統派に仕上げる極上の白麻チーフ

僕が「ムンガイ」と出合ったのは20年ほど前。スーツやジャケットを着る機会が多く、いろんなポケットチーフを試してきましたが、結局のところ最も使い勝手がいいのは白なんですよね。33 × 33 ㎝サイズのこれは、すごく上質なリネンでできていて吸水性に優れているのがポイント。手触りがソフトで、端をすべて手で巻き縫いしているのも特徴のひとつです。通常のビジネスシーンではTVフォールドに、パーティなどの華やかなシーンではクラッシュドスタイルにするなど、一枚で何通りにも使えるのがいいですよね。あと自宅で洗濯して常に白さをキープすることも重要です。洗ったらアイロンがけも忘れずに。あまりに使えるので、僕は3枚をローテーションしています。

ポケットチーフ4400円／ムンガイ（スピラーレ）

船旅から学んだエレガンスの重要性

僕のファッション観に大きな影響を与えているもののひとつが船旅です。

これは『OCEANS』副編集長時代、LA在住のクルーズコンシェルジュで、船旅に似合う服を提案するファッションブランド「STELLA.K（ステラケイ）」のクリエイティブディレクターを務める保木久美子さんと出会ったことがきっかけでした。保木さんは、ファッション誌が紹介するトレンドとは一定の距離を置きながら、ベーシックな服を自分らしく素敵に着こなす抜群のセンスの持ち主。決して服が前に出ることなく、そのスタイルにはいつも彼女の人柄や、内面の美しさが滲み出ていました。

僕が船旅の素晴らしさに目覚めたのは、そんな保木さんの「ミラノやパリのコレクションもいいけれど、本当のエレガンスを知りたかったら、一度船旅をしてみたら」というアドバイスがあったからでした。

そこで『OCEANS』編集部を辞めて独立したときに、時間に余裕ができたので、地中海・アドリア海の旅へ行ってみることにしました。

僕が体験したのは「フライ&クルーズ」といって、飛行機で成田から

column #01

ベネチアに行き、そこからクルーズ船に乗ってイタリア半島をぐるりと巡る12日間の旅。一度、乗船したら、あとは勝手に移動してくれる快適なホテルのようで、レストランだけで6〜7軒、カジノや映画館、ジャグジー、ジム、ダンスホールや、船内で開かれる講座まであり、飽きることは一切ありませんでした。

船旅は、ラグジュアリーな世界を熟知した乗客ばかりですから、ドレスコードがあります。朝・昼はリラックスした格好でいいのですが、ディナーは「エレガントカジュアル」が条件となります。男性の場合、ネイビージャケットとグレーパンツがあれば重宝しますが、このときもまわりの素敵な乗客たちを見て、装いをいかに風景に馴染ませるかが、エレガンスの要諦であることを学びました。

さらに、船旅は基本的に一部屋2名。パートナーと参加するのが基本です。海外ではカップルがひとつの単位になっていて、パーティに招待される場合も夫婦で出席することが珍しくありません。しかし、二人で調和のとれた素敵なファッションをするのは、一人でお洒落をするよりも格段に難しくなります。ただ、それがグローバルスタンダードであることは事実なのです。

この経験がきっかけになり、その後、「目指したいのは絵になる男と女」をキャッチフレーズに、船旅に似合うファッションをテーマにした『Sette mari（セッテ・マーリ）』（普遊舎ムック）という雑誌を手がけました。

今後の人生を豊かに過ごすためには、一人でお洒落するより、二人で素敵になるほうが、断然素晴らしいと思ったからです。

装いを風景に馴染ませることを考えれば、女性の美しさを引き立たせるためにも、男性は控えめであったほうがいい。そう気づいてからは、10をゴールにするとしたら女性6、男性4が黄金比と提案しています。

ヨーロッパの伝統である紳士の服装術が、レディファーストを前提にしていることを考えると、当然といえば当然なんですよね。

Chapter 003

大人の服選び

必要最小限のワードローブ

仕事の服装では、第一印象で「仕事ができる人」「一緒に仕事がしたい」と思わせることが最大の目標であり、そこに奇をてらった洋服が入り込む余地はありません。

ビジネスシーンのスタイルでは真っ当に見えることが大切です。

ではそういった目標を叶える必要最小限のワードローブはというと……

・ネイビーかグレーのスーツ
・白シャツ
・ネイビー、黒のネクタイ
・黒のソックス
・黒の靴とバッグ

となります。

おそらく、皆さんもすでに持っているアイテムではないでしょうか。これを研ぎ澄ませていくのが、大人のスタイルへの近道です。

ここでネイビーかグレーのスーツを挙げていますが、僕自身はここ数年、グレースーツばかり着てきました。20着近くあるグレースーツのうち、そのほとんどがミディアムグレー。チャコールグレーは重苦しい印象なのと、ライトグレーは雨染みが気になるなど、実用性を優先した結果ですが、季節に応じて暑い時期はライトグレー、寒い時期はチャコールグレーといった着分けもしています。

なぜ僕がグレーばかり着るようになったかというと、ビルが多い東京のグレーな街並みに自然に馴染むスタイルがつくれるからというのもありますが、ネイビーよりも、グレーの方が断然合わせやすいからです。

グレーは、明暗はあっても基本は無彩色。白から黒までの間のすべての色に似合います。しかし、ネイビーは有彩色。「茄子紺」と呼ばれる茄子のようなネイビーもあれば、「花紺」と呼ばれる紫がかったネイビー、イギリス海軍が使用した青みの強い「ロイヤルネイビー」、黒に近い「ミッドナイトネイビー」なんていう色もあるのです。ですから、同じネイビー同士であっても微妙な色味の差があると、コーディネートがとても難しくなります。

よくわからないのであれば、こうした複雑な要素は、やはり排除するのがベター。

そこで僕としては、まずは合わせやすいグレーから学ぶことをおすすめしますが、もちろんネイビーからスタイルをつくり上げていくのもいいでしょう。実際、僕自身も、20代後半から30代後半にかけては、徹底的にネイビースタイルを磨き上げました。その結果で、グレーのほうが簡単と言っているだけですので、「自分はネイビーでいく」という人は、ネイビーの中でもどんなネイビーを極めるのか、イメージしておくといいでしょう。

こうした絞り込みの作業は、自分にとって不可欠なワードローブが何なのかを考え直すいい機会になります。自分のスタイルを極めていこうと考えれば、ここに挙げたアイテムからさらに絞り込むことができるわけです。

ちなみにビジネス用の靴やバッグは、近年茶色も市民権を得ていますが、ひとくちに茶色と言ってもさまざまな茶色が存在するので、それぞれのアイテムの色調を揃えるのが難しく、また黒に比べるとカジュアルな印象に見えることを知っておいてください。

その点、黒は黒でしかないうえ、茶色よりオールマイティに使えて引き締まって見えるので、まずは黒を選ぶのがベストです。

金具の色は揃える

ビジネススタイルで間違いがないカラーは、先ほども挙げた、**スーツの基本色であるグレーとネイビー、それにシャツの白と、靴や革小物の黒を加えた4色**です。

コーディネートは色数が増えれば増えるほど難しくなりますから、なるべく全身を**3色以内**に抑えることを心がけましょう。

とはいえ、グレースーツに白シャツ、黒のネクタイ、黒の靴とバッグですでに3色。腕時計やベルト、バッグの金具をゴールドかシルバーに揃えたとしても4色になってしまいますから、いかに色数を抑えるのが難しいかがわかると思います。お洒落が好きな人は、ネクタイをトレンドカラーにしたりしますが、色数が増えることで散漫な印象になってしまうため、あまりおすすめはできません。

また、革小物に関しては、色幅の広い茶色より、黒にしたほうがいいでしょう。

靴と革小物の色を揃えるのはドレスクロージングの世界ではセオリーですが、茶色は、赤みがかったものやオレンジっぽいもの、ベージュに近いものまでさまざま。これに明暗も組み合わせると数え切れないほどの種類があり、黒に比べて段違いに合わせるのが難しくなります。

これは腕時計やベルト、靴、バッグの金具やメガネの色も同様です。ピンクゴールド、イエローゴールド、レッドゴールドといった種類のあるゴールドは、多少の違いを許容したとしても、有彩色であるがために、やはり無彩色のシルバーよりも合わせるのが難しいのです。

では、なぜそこまで小物の色調を揃える必要があるのでしょうか。

それは、見える面積は小さいながらも、**要となる部分に統一感を持たせることでコーディネートが引き締まり、調和のとれたスタイルが完成する**からです。色と同様に素材の質感も揃えるのが理想ですが、こちらはものによって適切な素材があるため、そこまで神経質にならなくても構いません。

それよりも注意するべきなのはアイテムのテイスト。ドレッシーな靴にはドレッシーなベルト、カジュアルな靴にはカジュアルなベルトといったように、色だけでなく、テイストを揃えないとチグハグな印象になってしまうため注意しましょう。

柄は無地が基本

柄を使ったコーディネートとなると、色以上にハードルは上がります。一番難しいのは柄同士の組み合わせ。できるだけ柄は使わず、使うとしてもひとつだけ、といったルールを自分で決めておくのが無難です。

また、柄には意味があることが多いため、それを知らないと思わぬ場面で恥をかくことがあります。例えば、ネクタイのレジメンタル柄は英国の陸軍連隊に由来する柄であり、ストライプの色や幅が所属する組織や団体、学校を表すため、それを熟知したヨーロッパ諸国の首脳たちはサミットなどの公の場ではつけません。タータンチェックも英国王室専用のロイヤルタータンはじめ柄そのものに意味があるものです。

さらに厄介なのは、柄の大きさや濃度によって似合う、似合わないがあること。人によって異なるため、その見極めには手間も時間もかかります。よって柄ものに手を出すのは、ベーシックな無地を極めてからで十分。無地に勝る柄はないのです。

季節感を表現するのは素材で

色や柄、デザインが普通に見えることを心がける一方で、大人の男性にこだわってほしいのが素材選びです。コーディネートの際には、色やデザインだけでなく、素材の持つ質感が調和しているかも意識してほしいのです。

例えば、春夏にビジネスカジュアルでトップスにTシャツやポロシャツを着たいという場合も、スラックスと素材の印象を揃えれば違和感なくまとまります。

ポイントは、Tシャツであれば、同じコットンでも分厚くゴワゴワしたビッグサイズのものではなく、少し艶のある薄手でしなやかな素材のものを選ぶこと。素材自体に品と大人っぽい印象があれば、一枚で着てもカジュアル過ぎることはありませんし、ジャケットのインナーに着ることもできます。シンプルでベーシックであっても、大人の余裕を感じさせることができるのです。

とくに夏は、着るアイテム自体が少ないため、一つひとつのアイテムの素材の印象で全体の雰囲気が決まってしまうと思って慎重に選んでください。

また、素材で季節感を表現することもできます。いつもの白シャツの素材を麻に変えてみたり、ざっくりとした編み地のニットタイにすると清涼感があり、爽やかな印象となります。逆に冬は、起毛したウールタイなどを選べば、温かな雰囲気を演出できます。

例えば、冬のジャケットスタイルなら、起毛していて表面にざらつきのあるツイードに、同じく起毛していて温かみのあるフランネルやコーデュロイのスラックスを合わせると、素材感が揃ってまとまって見えます。薄くて軽い素材のスラックスではジャケットの厚手のツイードに負けてしまい、バランスが悪くなるのです。

優先すべきは、自分の体感温度よりもまわりにどういう印象を与えるか、ということです。そうした一つひとつの気配りが、周囲からの好感度に繋がります。

ただ、そうした素材選びには知識が必要ですから、その自信がないという人は、プロの意見を参考にしましょう。お鮨屋さんでも、旬の魚がわからないときは、おまかせにするのがいちばん。そうやって素材の季節感を覚えていくと、シンプルな着こなしでも、どんどん楽しみが見つかっていくはずです。

自分にぴったりのサイズを知る方法

ビジネススタイルでもカジュアルでも、**大人の男性は体型に合ったサイズを選ぶのが基本**です。とくにスーツの場合は、体型に合った適正サイズを知ることが、自分らしいスタイルを見つけるための第一歩。サイズ選びでミスを犯す人は意外に多く、それだけで魅力が半減してしまいます。

自信がない人は、一度オーダーメイドを利用してみるといいと思います。お腹が出ている、腰まわりが張っているなど、既成のサイズでは合いづらいという人や、体型にコンプレックスがあるという人にもおすすめです。

最近では百貨店やセレクトショップでも、お手頃価格のエントリーモデルを用意しているので、それを試してみるのもいいでしょう。その場合、一から型紙を書き起こす「フルオーダー」ではなく、「パターンオーダー」や「イージーオーダー」と呼ばれるサイズ補整での対応が中心になりますが、それでも、一度オーダーを経験することで得られるものは大きいものです。

まず、自分のサイズが明確になるので、今後ほかの服を選ぶ際にも役立ちます。また、オーダーする際にお店のスタッフとやりとりする会話も、自分に似合う、似合わないを判断するためのヒントになります。似合っているかの判断は、まず自分がそれを着てしっくりくるかどうか。とはいえ、服選びは、他人の目を参考にすることも大切です。意見を聞きながら、わからないことはどんどん質問しましょう。恥ずかしがって聞かないままでは、いつまで経っても疑問は解決しません。

ただし、初めてのオーダーでは満足いくものができないということも多々あります。というのも、スーツやジャケット、スラックス、シャツ、靴と、オーダーできるものは数多くありますが、お店によって得意なスタイルが異なるからです。

例えば、紳士服の発祥の地である英国サヴィル・ロウ仕立てのスーツは、パッドがしっかり入った男らしいショルダーラインと厚みのある胸まわりが特徴。一方、南イタリアのナポリのスーツは、ドレープの効いたなめらかな仕立てで、軽く柔らかなエレガンスを表現しているのが特徴です。

一般的に、身長が高くて細身の人は英国調が似合いますし、なで肩で中肉中背の人はイタリア風が似合います。どれが自分に似合うかがわかるまでには、少しばかりの経験と、周囲のアドバイスが必要になります。写真を撮ってもらい、自分のスタイルを客観視してみるのも有効な手段です。また、ビジネスシーンでは、やはり自分の好きな服と似合う服は、別軸として捉えておいたほうが失敗が少なくなります。

そういう僕も、過去に何度も失敗しました。というか、失敗だらけでした（笑）。

僕の場合、今は、ジャケットの着丈や、スラックスの股下からの丈や裾幅、シャツのネックサイズ、ネクタイの大剣幅などに、一定の基準値を設けています。人によって似合うバランスが異なるため、一概に何センチとは言えませんが、ネクタイ一本とっても顔の大きさや首まわりのサイズによって似合うものが違ってきます。オーダーしても気に入らないものはお直しに出して微調整するほか、体型の変化に応じてサイズの基準値を更新するようにしています。

面倒に思えるかもしれませんが、そうやって自分のサイズの基準値がわかりさえすれば、その後が楽になります。季節によって素材は変えても、アイテムやサイズ、ディテールのバランスを変えなければ、自然と自分らしいスタイルを築くことができます。

途中、いろんな服を着たいという誘惑に駆られるかもしれませんが、まずは自分の基本となるスタイル「型」をつくること。それができたら、次に挑戦するようにして、ひとつずつ型を増やしていけばいいのです。

コーディネートのハズしは要注意

ファッション誌によく登場するコーディネートの「ハズし」という言葉。これには注意しましょう。大人の着こなしとしては、あまりおすすめできないからです。基本を知ったうえでのハズしでないと、単になんだか不自然なハズレのコーディネートになってしまう危険があります。

しかし、基本を知ったうえでのハズしであれば問題ありません。僕もプロですから（笑）たまには遊び心のあるハズしもコーディネートに取り入れていますので、その例をご紹介しましょう。

通常、クラシックスーツにアクセサリーを着けるのは良しとされません。さり気なさに欠け、人によってはこれ見よがしで悪趣味に見えてしまうためです。しかし僕は、あえてウォレットチェーンをつけることがあります。

ネックレスのようにとても華奢なチェーンを選び、日常の自然な動きのなかでちらりとシルバーが覗く……というくらい、さり気ない見せ方になるよう、ジャケットの着丈とチェーンの長さは計算しています。そうすることで、「これ見よがしは品がないということを理解したうえで、あえてやっているんだな」と伝わるスタイルとしているのです。

またほかにも、クラシックなスーツにあえてサイドゴアブーツを合わせて、着こなしに変化をつけることもあります。これも、シンプルでエレガントな印象のブーツを選んでいるため、「あの人、スーツにカジュアルアイテムを合わせてしまっている……」という違和感を感じさせることなく、むしろスニーカー以上、ドレスシューズ未満の、ラフでありながらもきちんとした印象もキープできている、絶妙なスタイルに見せています。

このようなハズしのテクニックは、メンズファッションのセオリーや背景を理解していないと、ただ単に知識に乏しい常識のない人だと思われてしまう可能性もあり、とても難しいものです。しかし、たまには自分が美しいと思う直感も大事にして、遊び心のあるコーディネートをしてみるのもいいかもしれません。周囲の反応を見ながら、自分の「型」を少しずつ進化させていくことで、ますます自分だけのスタイルの完成に近づいていくはずです。

ビジネスカジュアルの考え方

最近はビジネスシーンでもカジュアル化が進んでいます。コロナ禍でテレワークが普及したことでさらにその傾向が強まり、ビジネスカジュアルへのニーズが高まってきました。しかし、これまで「仕事ではスーツ、家ではジャージ」という具合に極端にオンとオフの服装を分けていた人は、ビジネスカジュアルと言われても何をどう着たらいいのか困ってしまう、という声をよく聞きます。

家でのリモート会議だといっても、さすがに普段のくたびれたTシャツに穴が開いたジーンズでいいはずはありませんよね。

そこで、これまでのスーツスタイルをどうすればカジュアルダウンできるのか？が問題になるわけですが、まずは、ノーネクタイのシャツにジャケットの組み合わせから試してみるのがおすすめです。

インナーは襟なしのニットやTシャツでも悪くはないのですが、襟のあるなしで印象は大きく変わるので、ビジネスカジュアルでもフォーマル度の高い場面では、襟のあるインナーを選ぶようにしましょう。

ジャケットなしでシャツ一枚のスタイルでもいいのですが、ヨーロッパではシャツは下着と見なされ、とくに、相手が女性や外国人の場合はマナー違反になることがありますから注意しましょう。伝統的な服装術は相手への気配りをベースに発展してきたものなので、世界標準の常識として心得ておくべきものです。

社内ミーティングなど比較的フランクなシーンなら、ただ単にスーツの上着を脱いだだけの人に見えないよう、ボタンを一つか二つはずし、袖を少しまくってもいいと思います。僕は、大体袖幅に二つ折りにしています。ただ上に押し上げるのではなく、きれいに折ったほうが清潔感が出るからです。

もう少しリラックスした雰囲気なら、伸縮性のあるニット地のジャケットを選んだり、イギリスのビジネスカジュアルで一般的な、シャツにハイゲージニットやカーディガンを重ねるのもいいかもしれません。この後のコーディネートページで紹介しているので、参考にしてみてください。

column #02

着こなしは時代に合わせてアップデート

「時代に合わせて」といってもトレンドを取り入れることとは少し違います。自分に似合う着こなしをしていればいつの時代もカッコ良く見えますが、自分だけを見ていたのでは時代感覚とズレが生じ、それがいつの間にか大きくなってしまう危険性があります。

カジュアルでよくあるのが、学生時代のスタイルを大人になってもそのまま続けてしまうケース。若いときとは、年齢も、体型も、肌艶も違うのですから、まったく同じスタイルでいいわけがありません。

普遍的なアイテムを買い替える必要はありませんが、どんなファッションが時代に求められているのか、それを知ることは大事だと思います。

僕の場合、『007』シリーズの6代目ジェームズ・ボンド役のダニエル・クレイグの着こなしから、いつもインスピレーションを得ています。もちろん、彼と僕とでは顔も体型も違いますから、そのイメージを鏡の中の自分に置き換えるトレーニングは欠かせませんが（笑）。

007シリーズの作品を観ていると、ボンド役の俳優が代わるたび

に、キャラクター設定が違うことに気がつきます。おそらく、それも時代の要請なのでしょう。

ただ、上質な仕立てのスーツと、スポーティなアクティブカジュアルのスタイルはいつの時代も不変です。そんなボンドが、どんな場面で、どんな服を着ているのか、スタイルの変遷を観察してみるのもおすすめです。

ジェームズ・ボンドの衣装がどこのブランドなのかは、常に注目されるところ。現在は、インターネットで情報が公開されているので、それを参考にしてみるのも良いでしょう。いずれにしても、紳士の象徴として007の服装術は、世界的に見ても、その時代のわかりやすい指標になると思います。

アイテム自体は普通でも、時代の空気や自分が美しいと思う直感も大事にしていけば、ますますスタイルの完成に近づいていくのです。

Chapter 004

究極の着こなし

Minimal Style 30

コーディネートは「TPPOS」から考える

洋服をコーディネートするとき、僕が最も大事にしているのが「TPPOS」です。TPOはご存じの通り、Time（いつ）、Place（どこで）、Occasion（どんな場面で）の頭文字で「時と場所、場面に応じた服装の使い分け」を意味する和製英語。僕はそこに、Person（誰と）とStyle（どんなスタイルで）を加え造語としました。

洋服はコミュニケーションの手段でもあるわけですから、周囲への配慮と敬意が欠かせません。時間や場所、立場、そこにいる人、関係性、役割、目的などを注意深く読み取って、その場にふさわしい格好を心がける必要があります。

何を着ればいいのかわからないという人は、まずは服装の目的を明確にしてみましょう。基本に立ち返り、信頼を得るための服装と考えれば、男性はTPPOSに応じて、いくつかのパターンを用意しておくだけで十分だとわかるはずです。

僕の場合は、次の3パターンを基本にしています。

①グレーのスーツに白シャツ、黒のネクタイ、黒のバッグと靴
②ネイビーのスーツに水色のシャツ、ネイビーのネクタイ、茶色のバッグと靴
③シルクカシミヤのニットに、黒のスラックスかデニム、黒のブーツ

これをベースに、冬はレザージャケットやコートなどを足し、ビジネスなら、雨の日は普段のグレースーツではなく雨染みの目立たないネイビースーツを選んだり、夏は白シャツを麻素材に変えて涼しく見せたり、移動の多い出張にはシワになりにくい機能性素材のセットアップを選んだりといった具合に、TPPOSに応じて素材や色、組み合わせを変化させます。

休日にレストランに行くときは、ジャケットを着用します。一緒に行くのが女性なら、モノトーンをベースにいつもよりシックにまとめ、男女のバランスが4対6くらいになるよう抑えた装いにします。また、シルクカシミヤ素材のニットを選んで、相手がふいに触れたときの手触りの良さを意識したりもします。

こうして、TPPOSに沿って組み合わせを考えていけば、何を着ればいいか、次第に答えが見えてくると思います。この章では、2章のアイテムを使った実際の着こなし例を紹介します。ベーシックなアイテムなら、4シーズン、どんなシーンにも対応できるのがおわかりいただけると思います。

G

nation

春は、クライアントとの顔合わせや部署移動など、知り会う人が多くなり、第一印象を意識する機会が増えます。その際に最も注意すべきは、清潔感と信頼感。まずは、身だしなみをきちんと整えることが大切です。とくに、スーツから出ている顔まわりと手先は清潔に。髪を整え、ツメは短く切り揃え、人に不快感を感じさせないようにしましょう。スーツは、誠実な印象を与えるネイビーやグレーをベースに、中身を引き立たせる控えめな装いを。また、細かな部分にこそ人の目がいくので、スーツにシミがあったり、シャツにアイロンがかかっていなくてシワが寄っている、汚れている、といったことがないように。春の装いが年間を通しての基本スタイルになります。

SPRING
Coordi

SPRING

MONDAY,10:00AM First Contact with Client

月曜日；
新規プロジェクトの初顔合わせ

初対面は、安心と信頼を得られるミディアムグレー

ビジネスシーンでは、安心感や信頼感を与えることが重要です。色や柄を使わず、中身が引き立つ控えめなスタイルを心掛けましょう。おすすめは、正統さと落ち着いた雰囲気を醸し出すミディアムグレーのスーツで装うモノトーンスタイル。体型に合ったスーツに、アイロンのかかった白いタブカラーのシャツと、細身の黒のネクタイを合わせ、モダンで都会的な印象に。白麻のポケットチーフの入れ方は、ジョン・F・ケネディが、テレビで選挙演説の際に信頼感を得るために、ブラウン管のモニターに水平に見えるように四角く折って挿したと言われる「TV フォールド」で。この挿し方は、基本の基であり、何より誠実さを感じさせてくれます。靴、バッグ、ベルト、腕時計のストラップはもちろんのこと、ネクタイ、ロングホーズに至るまで小物はすべて黒で統一し全体を引き締めること。スーツの素材をフランネルに変えれば、170 ページの冬の火曜日と同じ着こなしになります。

SPRING

03 Shirt & Tie ／ ARCODIO
08 Suit ／ B.R.SHOP
21 Belt ／ JOHN LOBB
23 Shoes ／ JOHN LOBB
31 Bag ／ HERMES
35 Watch ／ VACHERON CONSTANTIN
45 Socks ／ GLEN CLYDE
50 Pocket Chief ／ MUNGAI

SPRING

TUESDAY,9:00AM　Visit with New Joiner

火曜日；
新入社員とクライアントへ

チームの一体感を伝え、清潔感と信頼感を得られるネイビー

入社したばかりの新入社員が着ているスーツの色は、ほとんどがネイビーです。クライアントへの挨拶まわりの際、上司として差別化を図ることもできますが、あえて同じネイビーのスーツを着るのもいいでしょう。なぜなら、チームとして一体感を伝え、クライアントから信頼を得られる可能性が高いからです。とはいえ、上司としての威厳や品格も必要です。僕の場合は、素材や仕立ての良さでその違いを出します。このスーツの生地は、ドーメルの定番「トニック」。モヘアウールならではの光沢と、生地に強いハリがあるのが特徴。シワになりにくく、常にピシッと見え、隙のないクールな立ち姿をつくってくれます。シャツやネクタイをブルー系でまとめ、胸元に入れた白い麻のポケットチーフで爽やかさを際立たせます。

SPRING

03 Shirt & Tie / ARCODIO
08 Suit / B.R.SHOP
21 Belt / JOHN LOBB
23 Shoes / JOHN LOBB
31 Bag / HERMES
35 Watch / VACHERON CONSTANTIN
45 Socks / GLEN CLYDE
50 Pocket Chief / MUNGAI

SPRING

WEDNESDAY,3:00PM　Internal Meeting

水曜日；
重たい社内会議、装いだけは楽に

ハイゲージニットで、上着なしでもきちんと見せる

時間のかかる社内での重要な会議。堅苦しい上着を着なくていいのであれば、欧米のビジネスパーソンがよくやるシャツの上にクルーネックニットを合わせるスタイルがおすすめです。その際に重要なのは、ネイビーやグレーといったスーツのスラックスに合う色を選ぶこと。間違いない色は、ここでもネイビー。シルクカシミヤの細い糸で編まれたハイゲージニットなら着心地も良く、薄手なのでジャケットのインナーとしても重宝します。色使いを紺と白のみでまとめれば、たとえ上着を着ていなくても誠実な印象に見えます。足元は、サイドゴアブーツですっきりと。シンプルなデザインのものなら、カジュアルシーンだけでなくビジネスシーンにも使えます。スラックスから靴まで、脚全体が繋がって見えるので脚長効果もありますよ！ちなみに、これは前ページのスーツの組下のスラックスです。

SPRING

01 Knit / 30/70
03 Shirt / ARCODIO
08 Suit (Pants) / B.R.SHOP
21 Belt / JOHN LOBB
24 Boots / GEORGE CLEVERLEY
37 Watch / AUDEMARS PIGUET
45 Socks / GLEN CLYDE
00 Pen / MONTBLANC
00 Document Case / CARTIER
00 Smart Phone Case / BONAVENTURA

SPRING

THURSDAY,7:00AM Golf with Client

木曜日；
クライアントと接待ゴルフ

エレガントでスポーティなジャケットスタイル

クライアントとの接待ゴルフの場合、招待されるゴルフ場によって格式が高い場合もありますから、失礼のないようジャケットを着用します。おすすめは、肩パッドの薄い一枚仕立てのネイビージャケット。インナーは、Tシャツよりも断然きちんと見えるポロシャツのような襟付きタイプで。鹿子素材でも構いませんが、シルクカシミヤ素材のものなら快適に過ごせ、エレガントスポーティな印象に仕上げてくれます。ボトムスは、デニムではカジュアル過ぎるので、グレーのウールパンツやコットンパンツを選ぶといいでしょう。足元にかけて細くなっていくテーパードシルエットがきれいに見えるのでおすすめ。ストレッチ性のある素材のパンツを選び、足元をドライビングシューズにすれば､行き帰りの車の運転も快適です。ゴルフ場でのスタイルは、次ページのジムスタイルと同様に機能性を重視したモノトーンスタイルが干場流。グローブや靴を白でまとめて、軽快に！

SPRING

01 Knit／30/70
07 Suit（Jacket）／BEAMS
08 Suit（Pants）／B.R.SHOP
17 Short Pants／K-3B
21 Belt／JOHN LOBB
27 Shoes／TOD'S
33 Bag／PELLE MORBIDA
40 Watch Belt／THE SOLE
00 Smart Phone Case／BONAVENTURA

46 Cap／TAKAHIROMIYASHITATheSoliost.
48 Eye Wear／FIXER
00 Polo Shirt／K-3B
00 Socks／K-3B
00 Globe／TITLEIST
00 Caddy Bag／TITLEIST
00 Golf Club／TITLEIST
00 Golf Shoes／NEW BALANCE

SPRING

FRIDAY,7:00PM　Work out

金曜日；
ジムへ

都会に馴染むスタイリッシュなスポーティスタイル

ジムへ行く服なんてどうでもいいと思っていませんか？　でも、そんなときに限って、知り合いに合ってしまうなんていうことも……。僕がよくやる全身黒と白でまとめたモノトーンスタイルなら、スタイリッシュな雰囲気を感じさせつつ、都会の街並みにも馴染みます。ポイントは、それぞれのアイテムのサイズ感と白の分量。左の写真のようにアウターは少し大きめ、ボトムスをすっきりした細身のものを選ぶとバランスが良く見えます。ジョガーパンツは、スッと脚が長く見えるので小柄な人にもおすすめ。Tシャツ、スニーカーのソールなど、要所要所に白を効かせると軽快な印象になります。運動時は、センスの良いグラフィックが入ったウェアなら手抜き感もゼロ。帽子を携行していれば、シャワー後の髪のセットも不要なので便利です。

SPRING

02 Tshirt ／ + CLOTHET
17 Down ／ K-3B
17 Short Pants ／ K-3B
17 Jogger Pants ／ K-3B
18 Hoodie ／ THE NORTH FACE
28 Sneakers ／ TOD'S NO_CODE
32 Backpack ／ PRADA
39 Watch ／ MARATHON
46 Cap ／ TAKAHIROMIYASHITATheSolist.
48 Eye Wear ／ FIXER

SPRING

SATURDAY,9:00AM Kids Event

土曜日；
子どもの入学式

控えめながら、遠くから目を引く存在感

学校行事の主役は、あくまで我が子。保護者の立場としては、節度をわきまえた着こなしをすることが肝心です。デザインや色で目立とうとするのなんてもってのほか。僕なら、ここでも最も誠実に見えるネイビースーツを選びます。無難なスーツの保護者が多い中、自然と目を引くのは、きちんと体にフィットした仕立てとシルエット、そして、なんといっても素材です。控えめな光沢があるカシミヤなら、一見、普通のネイビーのように見えて、従来のビジネス用スーツとは一線を画す、なんともいえない存在感を感じさせてくれます。シャツは白無地で、ネクタイもネイビー無地。ネクタイを光沢のあるシルクサテンに替えれば、結婚式でも通用します。夫婦揃ってシックなネイビースタイルだなんて素敵ですね。子どもが自慢したくなる両親です。

03 Shirt & Tie ／ ARCODIO
07 Suit ／ BEAMS
21 Belt ／ JOHN LOBB
23 Shoes ／ JOHN LOBB
35 Watch ／ VACHERON CONSTANTIN
45 Socks ／ GLEN CLYDE
47 Eye Wear ／ MOSCOT
50 Pocket Chief ／ MUNGAI

SPRING

SUNDAY,4:00PM Hanami Date

日曜日；
お花見デート

桜も女性も引き立てるシックなデニムスタイル

お花見の時期は、意外と昼夜の寒暖差が激しく、着るものが難しい季節です。そんなときにおすすめなのが、ジャケットを取り入れたデニムスタイル。デニムなら気兼ねなくどこでも座れますし、ジャケットがあれば急遽ホテルのテラスやレストランで花見といった場合でも大丈夫。日中の暑いときはTシャツ一枚になり、陽がかげって肌寒くなったらジャケットを羽織る。そして、時には寒そうにしている女性の肩や膝元にかけてあげることも……。触り心地の良いカシミヤ素材なら、自然と距離も近づきます。Tシャツはクルーネックでもいいですし、SEXYさを出すならVネックもおすすめ。スニーカーではカジュアル過ぎてしまうので、スウェードのブーツを合わせてシックに。全体の色を黒、白、グレーに抑えて、美しい花や女性を引き立てます。

02 Tshirt ／ +CLOTHET
04 Denim ／ MINEDENIM
07 Suit（Jacket）／ BEAMS
21 Belt ／ JOHN LOBB
25 Boots ／ WH
38 Watch ／ BREITLING
48 Eye Wear ／ FIXER

ER

nation

日本の夏の暑さは過酷。汗だくになり、疲労も出やすいので、いかに清涼感を出しつつ快適に過ごし、見た目にも涼しく感じさせるかが鍵になります。全体に白の分量を増やし、暖色や曖昧な色を使うのはやめましょう。清潔感のある白とネイビーの組み合わせか、簡潔に白と黒のモノトーンでまとめるとスッキリした印象になります。シャツの素材は涼しく過ごせるリネン（麻）にするのもいいですし、最近では冷感、速乾、ストレッチ、防シワ形態安定といった機能性素材を使用したものも増えています。スーツの素材は、シャリ感のあるモヘアなどのサマーウールがおすすめ。ジャケットやネクタイは身に着けなくてもいいですが、持っていると突然のクライアント訪問の際にも便利です。

SUMM
Coordi

SUMMER

MONDAY,10:00AM Speech at Seminar

月曜日；
業界のセミナーで登壇

説得力を上げる、涼しげな正統派スタイル

人前に立つのであれば、失礼のない装いで、かつ自分自身も気後れせず自信を持って振る舞えるスーツスタイルで臨むのがベストです。とはいえ、さすがに暑い時も……。堅苦しいイベントでなければ上着は脱いでもいいでしょう。夏の装いは、見た目に暑苦しく見せないことも重要です。リネンの白シャツは、ビジネスではシワが目立つと敬遠されることもありますが、上手に取り入れれば、一枚で着てもサマになり、洒落た印象をもたらします。胸のボタンを開け、袖をまくると、こなれた印象に。足元は足首を少し覗かせて涼しさを演出します。ローファーは、フォーマルや正式なビジネスシーンではNGですが、クールビズならOK。革小物の色を茶にして、イタリア人が好きな「アズーロ・エ・マローネ（青と茶）」の組み合わせでシックに！

03 Shirt ／ ARCODIO
08 Suit ／ B.R.SHOP
22 Belt ／ BRUNELLO CUCINELLI
26 Shoes ／ GUCCI
37 Watch ／ AUDEMARS PIGUET
44 Wallet Chain ／ MIWA
50 Pocket Chief ／ MUNGAI
00 iPad Case ／ TOD'S

SUMMER

TUESDAY,10:00AM　Work on a Rainy Day

火曜日；
雨の日のクレーム対応

雨の日も崩れない、折り目正しい装い

雨の日なら、スーツの色はグレーではなく雨染みが目立ちづらいネイビーを選ぶのが正解です。ネイビーでも、シワになりにくい打ち込みの強い生地のスーツを持っておくと便利。前にも触れたように、ドーメルの「トニック」に代表されるモヘアウールは、強撚糸でしっかりと織られているため、雨の多い季節にはとても重宝します。足元は、防水性に優れたラバーソールの靴なら濡れても安心。暑くないときであれば、軽量なショート丈のアウターを上に羽織って。雨を弾き、しかも汗を逃す優れたウールの素材なのでレインコート代わりとしても使えます。毎日使うわけではない傘のような小物は、黒と決めておくと、ほかのアイテムにも合わせやすいので便利です。ネイビー無地のネクタイは、単体でも誠実さを表現できますが、スーツと同色にするとより真摯な印象に。スーツは、122 ページのものと同じです。

SUMMER

03 Shirt & Tie / ARCODIO
08 Suit / B.R.SHOP
15 Outer / ERMENEGILDO ZEGNA
21 Belt / JOHN LOBB
25 Shoes / WH
35 Watch / VACHERON CONSTANTIN
45 Socks / GLEN CLYDE
50 Pocket Chief / MUNGAI
00 Umbrella / FOX

SUMMER

WEDNESDAY,1:00PM Work in Hot Weather

水曜日；
暑いなか外回り

靴を味方につけて疲労感を寄せつけない

体力の消耗が激しい真夏の外回りは、疲労感が相手に伝わらないよう、できるだけ涼しげな装いを心がけたいもの。シャツは白にして顔まわりは明るくしつつ、ほかのアイテムをすべて黒だけで簡潔にまとめたモノトーンスタイルなら、だらしなく見えがちなクールビズもスッキリした印象を保てます。実は、最も重要なのが靴選び。疲労は足元から来るものだからです。クッション性が高く、柔らかい履き心地の「WH」は、外回りが多いビジネスパーソンからも重宝されています。歩くと汗を大量にかくので、ソックスを履くことも忘れずに。「ニール・バレット」のセットアップの組下のパンツは、ストレッチ性が高く、着まわしやすいので出張にも便利。単品としても秀逸な品なので絶対に持っているべき。さらっとした肌触りで快適に過ごせます。

03 Shirt ／ ARCODIO
09 Set Up (Pants) ／ NEIL BARRETT
21 Belt ／ JOHN LOBB
25 Shoes ／ WH
31 Bag ／ HERMES
35 Watch ／ VACHERON CONSTANTIN
45 Socks ／ GLEN CLYDE
48 Eye Wear ／ FIXER
00 Folding fan ／ BAISENAN

SUMMER

THURSDAY,3:00PM Work from Home

木曜日；
自宅でリモート会議

画面越しは、リラックスしたスタイルでセンス良く

自宅でのリモート会議では、リラックス感と爽やかな雰囲気を心がけたいもの。リモートとはいえ、やる気が伝わらないような部屋着はNG。身だしなみをきちんと整え、そのまま外出できる程度の服装にするのが鉄則です。相手の視線は、基本的に画面に映っている上半身のみなので、上半身にポイントを持ってくると効果的です。ネイビージャケットに、白シャツやTシャツというスタイルもいいですが、もう一歩進むなら、写真のようなニットスタイルもおすすめ。白いラインが清涼感を感じさせる黒のチルデンニットと白Tを合わせたスタイルは、モダンでリラックスした印象を与えます。ニットがネイビーだと学生のようになってしまうので都会的な黒を選ぶのがキモ。画面に映らないボトムスは、ショートパンツでリラックスを！

01 Knit ／ 30/70
02 Tshirt ／ + CLOTHET
05 Short Pants ／ POLO RALPH LAUREN
21 Belt ／ JOHN LOBB
29 Sneakers ／ PATRICK
40 Watch Belt ／ THE SOLE

SUMMER

FRIDAY,4:00PM　Cruise

金曜日；
東京湾クルーズへ

都会的なモノトーンで、リラックス＆リゾート感

花火や屋形船、あるいは夕涼みも兼ねたサンセットを見ながらの東京湾クルージング。そんな非日常の空間、僕なら都会的なモノトーンカラーを使ってリラックスした服装で楽しみます。ここでも活躍するのがリネンシャツ。月曜日にも着ていた同じ麻のシャツを、今度は外に出して着用。ポイントはシャツのサイズ感。あまりぴったりしたサイズではなく、風を孕むように１サイズ大きめを着ること。着る前には、もちろんアイロンをかけて。着ていくうちに自然と入っていくシワが麻の魅力になります。ボトムスは、ワタリ幅にゆとりがあるテーパードパンツで。足元はレザーサンダルで、崩し過ぎずにリゾート感を表現。ネックレスをチラ見せして遊び心をプラスします。眩しい夕陽の中でも美しい景色を見逃さないようサングラスも忘れずに！

03 Shirt ／ ARCODIO
06 Pants ／ DOLCE & GABBANA
21 Belt ／ JOHN LOBB
30 Sandals ／ HERMES
34 Bag ／ CISEI
39 Watch ／ MARATHON
43 Jewelry ／ DAMIANI
48 Eye Wear ／ FIXER

SATURDAY,6:00PM　Party

土曜日；
結婚式の二次会

SUMMER

主役を引き立てるモード感あるモノトーンスタイル

二次会やパーティでドレスコードの指定がない場合、畏まり過ぎないスマートカジュアルにするのが僕の基本。主役はもちろん新郎新婦の二人ですので、なるべく控えめな装いを心がけます。もちろんネイビーやグレーのスーツでも悪くはないのですが、せっかくなら生地に光沢があるものを選ぶなどして、普段よりドレッシーにするといいでしょう。そんなときに、一着持っていると重宝するのがモードブランドのブラックスーツです。生地に光沢があり、シルエットやディテールに適度なトレンド感も備えているので、ビジネススーツにはない洒落た印象になります。白シャツでもいいのですが黒シャツもアリ。いつもとは違ったSEXYな雰囲気も醸し出せます。こんなときこそ、さり気なくジュエリーを着けてお洒落を楽しんでみてもいいのでは！

03 Shirt ／ ARCODIO
09 Set Up ／ NEIL BARRETT
21 Belt ／ JOHN LOBB
23 Shoes ／ JOHN LOBB
38 Watch ／ BREITLING
43 Jewelry ／ DAMIANI
45 Socks ／ GLEN CLYDE

SUMMER

SUNDAY,1:00PM Seaside Resort Hotel

日曜日；
海辺のリゾートホテルへ

ネイビー、白、ブラウンのイタリアンリゾートスタイル

イタリア人が好きな色の組み合わせといえば、「アズーロ・エ・マローネ」。青と茶の組み合わせです。そこに白の分量を多くしていくと、今度はイタリアの夏の海辺でよく見かけるようなリゾートスタイルの配色になります。バッグ、靴、腕時計のストラップ、ベルト、さらにサングラスやメガネのフレームに至るまで、小物は茶で統一することで洗練されたイメージに。その際、ひとくちに茶と言ってもさまざまな色みがあるので、色がバラつかないようなるべく自分が好きな茶を決めておくといいでしょう。写真のようにショートパンツでもいいですし、コットンパンツやデニムにするのもアリ。足元はスニーカーもいいですが、ホテルのレストランで食事をする場面でも、足元がローファーならリラックス感を漂わせつつも、エレガントな雰囲気が保てます。

SUMMER

01 Knit ／ 30/70
05 Short Pants ／ POLO RALPH LAUREN
22 Belt ／ BRUNELLO CUCINELLI
26 Shoes ／ GUCCI
31 Bag ／ HERMES
36 Watch ／ PATEK PHILIPPE
47 Eye Wear ／ MOSCOT

IN
nation

ギラギラとした日差しが和らぎ、朝夕に涼しげな風が吹いてくると、いよいよ秋。芸術の秋、食欲の秋でもありますが、もちろんお洒落を楽しめる季節でもあります。薄着になる夏に比べ、ニットやアウターなど着用するアイテムも増え、レザー、カシミヤといった素材や、さらに秋色である茶も加わり、重ね着が楽しくなります。しかし、ここで気をつけなければいけないのがバランス。アイテムや色、素材が増えれば自然とコーディネートは難しくなります。ポイントは春のスタイルを基本とし、そこにさまざまな要素を足し引きしながらバランスを保つこと。短靴からブーツに替えるなど、まずはお洒落の基本である足元から季節感を取り入れるのが簡単です！

AUTUM
Coordi

AUTUMN

MONDAY,10:00AM　Get Promoted

月曜日；
新規事業部署の要職に

信頼のおける装いの要は、鉄板な組み合わせ

辞令を受けるような場面では、きちんとネクタイを締めて装いたいもの。信頼と安定感のある着馴染んだスーツスタイルで臨むのがベストでしょう。グレーのスーツなら、素材はもちろんですが、その濃度にこそ気を配ること。例えば、グレーの濃度を年間で分けるとしたら、最も日差しが強い夏はライトグレー、逆に日差しが弱まる冬は一番濃いチャコールグレー、残った春と秋はミディアムグレーというのがセオリーです。しかし、さまざまなグレーを揃えるのは大変ですし、着こなしも難しくなるので、おすすめは年間をミディアムグレーで通し、素材感で季節を表現すること。ちなみにこのスーツは、120ページと同じものです。その際、靴の色や素材、デザインなどで季節感を足せば、グッとセンスアップできます。ミディアムグレーのスーツにサックスブルーのシャツ、そしてネイビーのネクタイ。この組み合わせも信頼と安定感が出ます。

03 Shirt & Tie ／ ARCODIO
08 Suit ／ B.R.SHOP
22 Belt ／ BRUNELLO CUCINELLI
24 Boots ／ GEORGE CLEVERLEY
36 Watch ／ PATEK PHILIPPE
42 Ring ／ ASPREY
45 Socks ／ GLEN CLYDE
50 Pocket Chief ／ MUNGAI

AUTUMN

TUESDAY,11:00AM Get Interviewed

火曜日；
取材を受ける

礼儀・品格・余裕の感じられるスタイルを

新聞、テレビ、ラジオ、雑誌、ウェブサイトなど……。メディアから取材を受ける、ある意味“会社の顔”として対応しなければいけない場面では、信頼感を得られる落ち着いた印象のスーツスタイルがベストです。もちろん、いつもと同じスタイルでも構いませんが、ほかの企業とは違うお洒落な社風を感じさせるなら、シングルよりもフォーマル度の高いダブルブレステッドを選ぶのもいいでしょう。とはいえ、ダブルを選ぶ時点で印象が強くなるので、その他のアイテムはなるべく引き算を。白シャツに細身の黒いネクタイを合わせることで顔まわりをキリッと見せることができます。ポケットチーフは華やかさがあるクラウンの入れ方なら、先の尖った剣襟とも好バランスです。ちなみにこのスーツは、175 ページと同じものです。

03 Shirt & Tie ／ ARCODIO
07 Suit ／ BEAMS
21 Belt ／ JOHN LOBB
23 Shoes ／ JOHN LOBB
35 Watch ／ VACHERON CONSTANTIN
42 Ring ／ ASPREY
45 Socks ／ GLEN CLYDE
47 Eye Wear ／ MOSCOT
50 Pocket Chief ／ MUNGAI

AUTUMN

WEDNESDAY,10:00AM Zoom Meeting with Overseas Client

水曜日；
ホテルで海外のクライアントと会議

疲れを顔に出せない日は、ストレッチの効いたスーツで

終日ホテルに籠って、海外のクライアントとオンライン会議。オンライン上とはいえ、今後のビジネスを左右する大事な場面です。礼節を重んじ、ネクタイ着用で臨みたい反面、長丁場になるであろうことを考えると、ストレスのない快適で楽なスタイルで臨みたいと思いますよね。そんな時に多用するのがストレッチの効いた「ニール・バレット」の黒のセットアップと「アルコディィオ」の白いシャツです。ボトムスもストレッチが効いているので長時間座っていてもノンストレスですし､上着を脱ぎシャツ一枚になっても快適に過ごせます。足元も、軽くてクッション性に優れた柔らかい履き心地の「WH」のプレーントウなら、あまり疲れを感じません。このスタイルは、長丁場の会議用としてだけでなく、国内外の出張はもちろん、モード感もあるので洒落たプレゼンテーションの場面でも使えます。

03 Shirt & Tie ／ ARCODIO
09 Set Up ／ NEIL BARRETT
21 Belt ／ JOHN LOBB
25 Shoes ／ WH
35 Watch ／ VACHERON CONSTANTIN
42 Jewelry ／ ASPREY
45 Socks ／ GLEN CLYDE
50 Pocket Chief ／ MUNGAI
00 Pen ／ MONTBLANC
00 Smart Phone Case ／ BONAVENTURA

AUTUMN

THURSDAY,3:00PM　Business Trip

木曜日；
国内出張（1泊・飛行機）

国内出張は、ニューノーマル時代の都会派スタイルで

飛行機、新幹線、電車にタクシー。移動の多い国内出張で最優先したいのは、快適な着心地と着まわし力。そんなシーンでおすすめしたいのは、ウールジャージのセットアップです。こちらは、一見普通のスーツのように見えますが、驚くほどビヨンビヨン伸びる素材がキモ。締めつけ感がまったくなく、シワにもなりにくい。長時間座って膝が出ても、ハンガーに吊るしておくだけで回復するという優れもの。着まわし力の高さも魅力です。例えば、白Ｔをシャツとネクタイに変え、スニーカーをレザーシューズに変えれば、きちんとしたスタイルにも見せられます。さらにＴシャツを白から黒に変え、ジャケットをレザーのライダースに変えれば、夜の街にだって繰り出せちゃうわけ。まさに都会派の出張スタイルなんです。

AUTUMN

02 T shirt ／ +CLOTHET
10 Set Up ／ G-TUNE × MOVB
29 Sneakers ／ PATRICK
32 Backpack ／ PRADA
39 Watch ／ MARATHON
47 Eye Wear ／ MOSCOT
00 Suitcase ／ RIMOWA

AUTUMN

FRIDAY,5:00PM Museum Date

金曜日；
美術館、ディナーデート

芸術の秋にはフレンチシックがよく似合う

芸術の秋、食欲の秋といえば、美術館＆レストランデート。鑑賞したばかりのアートについて語りながら、美味しいレストランで美食に舌鼓を打ち、ワインを堪能……。そんなフランス映画のような金曜日の夜を過ごすのが僕の理想です。そんな時にイメージするのは、ピーコートを使ったモノトーンスタイル。美術館では、作品の邪魔にならないよう、なるべく装いは控えめにしたいもの。大きな荷物を持ち込まない、靴音が響かない、というのも大人の常識です。ピーコートは、素材が柔らかいカシミヤ混ウールなので、女性がたまたま腕を組んでくれたら気絶間違いなし。ピーコートを脱いでも、インナーのニットはシルクカシミヤなので、たまたま抱きつかれても OK。あくまで勝手な妄想ですが(笑)。ブラックデニムから繋がる黒のスウェードブーツは、黒豹みたいな脚長効果があります。

01 Knit ／ 30/70
04 Denim ／ MINEDENIM
16 Pea Coat ／ 1PIU1UGUALE3× BLACK MILITARY BY YOSHIMASA HOSHIBA
21 Belt ／ JOHN LOBB
25 Boots ／ WH
39 Watch ／ MARATHON
43 Jewelry ／ DAMIANI
45 Socks ／ GLEN CLYDE
48 Eye Wear ／ FIXER

AUTUMN

SATURDAY,11:00AM Fall Excursion

土曜日；
紅葉狩りにちょっと郊外へ

秋の紅葉風景に馴染むブラウンレザー

秋も深まると､街路樹や公園の木々の葉が黄色や赤に色づいてきます。そんな季節の移ろいを楽しむ紅葉狩りに出かけるなら、秋の風景に馴染むブラウン系のコーディネートがおすすめです。今回選んだのは、やや明るめのブラウンが美しい、レザーのライダースジャケット。中でも「エンメティ」は、厳選された柔らかくて軽いラムナッパレザーを使用していて、デザインもシンプルで現代的なので、羽織っただけでスタイリッシュに見せてくれるのが魅力。色や素材を変えて10枚ぐらい所有しているんですが、写真の明るめのブラウンは、同系色のボトムスを合わせると途端に派手な印象が強くなってしまうので、おすすめは、グレーに色落ちした細身のブラックデニム。足元は、デニムよりも濃い黒のスウェードブーツにすると締まって見えます。

02 T shirt ／ + CLOTHET
04 Denim ／ MINEDENIM
20 Riders ／ EMMETI
21 Belt ／ JOHN LOBB
25 Boots ／ WH
38 Watch ／ BREITLING
45 Socks ／ GLEN CLYDE
48 Eye Wear ／ FIXER

AUTUMN

SUNDAY,2:00PM Shopping

日曜日；
家具を探しにショッピングへ

ショッピングは都会に馴染むブラックレザーで

たまの休日にインテリアショップで、ぶらりと家具探しをするのは楽しいもの。そんなビルの多い東京の街並みに合う色調は、やっぱり都会的なモノトーン。スーツスタイルもそうですが、カジュアルスタイルも、色を使わないモノトーンがグレーな街並みにしっくりと馴染むんですよね。黒のライダースジャケットにブラックデニムを合わせたスタイルは、オフの日の僕の定番スタイル。胸元からは、白いＶネックのＴシャツを覗かせ軽やかに装います。ライダースの金具に合わせて、腕時計のベルトもシルバーで統一。足元は、スウェードのブーツで上品に。紅葉狩りと似たスタイルですが、アウターの色を黒に変えるだけでガラッと都会的な印象に変化します。このスタイルは、ドライブデートにも最適。理想の車はバットモービル。乗っている人は見かけませんけどね（笑）。

02 T shirt ／ +CLOTHET
04 Denim ／ MINEDENIM
19 Riders ／ FIXER
21 Belt ／ JOHN LOBB
25 Boots ／ WH
38 Watch ／ BREITLING
43 Jewerly ／ DAMIANI
45 Socks ／ GLEN CLYDE
48 Eye Wear ／ FIXER

R

nation

秋が終わり、朝の空気が肌を突き刺すようになると冬の到来。寒い冬は、一年のうちで一番アイテム数が多く、重ね着する量も増えます。そして、その重ね着こそがおしゃれで一番難しいところ。なぜなら、アイテム数が増えるほど、色や柄、デザイン、サイズ感など、気を配らなければいけない点が多くなり、調和を保つことが難しくなるからです。春夏に比べ、色合いが一段と濃くなり、アイテムのボリュームが増し、着丈も長くなるので、下手をすると野暮ったい印象になってしまいます。つまり、冬のスタイルが上手になれれば上級者。そんな冬のスタイルの要となるのがコートやダウンに代表されるアウターです。基本は、上質な素材で、オン・オフ使えるベーシックカラーを選ぶことです。

WINTE Coordi

WINTER

MONDAY,9:00AM　Presentation at Customer

月曜日；
役員プレゼン、成約までもう一息！

「アズーロ・エ・マローネ」の色合いで余裕を感じさせる

プレゼンで高い評価を得るためには、見た目でも説得力を持たせることが重要です。これまで何度かご紹介しましたが、イタリア人がよくやる「アズーロ・エ・マローネ」と呼ばれる色の組み合わせには、まさにその説得力に欠かせない要素が入っています。ブルーの持つ「誠実さ」と「冷静さ」、ブラウンの持つ「安心感」と「温かみ」。この2色が見事に調和し、互いの色を補完し合うのです。その2色をどう取り入れるかが腕の見せ所。僕の場合は、靴やバッグ、ベルト、ポケットチーフ、腕時計のストラップなど要所になる部分はミディアムブラウン、面積の多いジャケットやコートはネイビーと決めています。そして、その2色を繋ぐ役目がミディアムグレーです。この色の組み合わせは、お洒落なイタリア人の中でも、すべてを熟知しているクラス感のある紳士たちがやる組み合わせです。ぜひマスターしてください。

WINTER

03 Shirt & Tie / ARCODIO
07 Suit (Jacket) / BEAMS
08 Suit (Pants) / B.R.SHOP
12 Coat / BRUNELLO CUCINELLI
22 Belt / BRUNELLO CUCINELLI
24 Boots / GEORGE CLEVERLEY
31 Bag / HERMES
36 Watch / PATEK PHILIPPE
45 Socks / GLEN CLYDE
49 Pocket Chief / RUBINACCI

WINTER

TUESDAY,9:00AM Interview Candidate

火曜日；
中途採用の面接官

面接官は、堅実さと冷静さを滲ませて

面接官は、言うならばその会社や企業のイメージ。面接は応募者が主役の場ですが、自分自身もまた見られていることを理解した装いを心がけたいものです。職種によってふさわしい服装は異なりますが、一般的な企業の場合は、ネイビーやグレーといったオーソドックスなダークスーツがベターでしょう。僕なら、着馴染んだグレーのスーツ、白いシャツに黒のネクタイ、黒のプレーンな紐靴で、相手に信頼と誠実さを感じさせる装いを心がけます。はっきりしたピンストライプやチョークストライプ柄のスーツや、無機質で冷たい印象を与える細い金属フレームのメガネは、はずしたほうが賢明。相手に威圧感を与えず、話しやすい雰囲気を演出することも大切です。スーツは冬なら季節感のあるフランネル素材で、ソフトな親しみやすさを。ポケットチーフは、もちろんTVフォールドで。ちなみにこのスタイルは、スーツの素材を変えると120ページの春の月曜日と同じ着こなしになります。

03 Shirt & Tie / ARCODIO
08 Suit / B.R.SHOP
21 Belt / JOHN LOBB
23 Shoes / JOHN LOBB
31 Bag / HERMES
35 Watch / VACHERON CONSTANTIN
45 Socks / GLEN CLYDE
50 Pocket Chief / MUNGAI

WINTER

WEDNESDAY,7:00PM　Celebrate Project

水曜日；
部の仲間と成功を祝う会

自分らしさを引き立てるシンプルな黒いスタイル

仲間内だけで楽しむ会なら、その場に馴染むカジュアルな装いで行くのが僕のスタイル。堅苦しさはかえって親しみを欠くことになるので、自分らしさとほど良いリラックス感を意識します。例えば、仕事帰りのスーツスタイルで行くなら、その瞬間だけはネクタイをはずして内ポケットにしまい、くつろいだ雰囲気を出すくらいが理想。気負わないレストランなら、ライダースを羽織って、着心地の良いシルクカシミアのニットと、ストレッチ性の高いパンツで行きます。全身黒のコーディネートは、レザーやシルクカシミヤ、ストレッチナイロンなど、組み合わせるアイテムの素材感を変えると、同じ黒でも立体感が生まれ、グッと洒落た印象になります。この日のアクセントはメガネ。顔まわりに変化をつけることで個性を演出できます。紐がないサイドゴアブーツはお座敷でも脱ぎ履きが楽で便利ですよ！

WINTER

01 Knit／30/70
09 Set Up（Pants）／NEIL BARRETT
19 Riders／FIXER
21 Belt／JOHN LOBB
24 Boots／GEORGE CLEVERLEY
40 Watch Belt／THE SOLE
45 Socks／GLEN CLYDE
47 Eye Wear／MOSCOT

THURSDAY,6:00PM Year-end Party with Client

木曜日；
クライアントとの忘年会・会食

WINTER

会食では、高級感のある素材と色使いが武器になる

一年の感謝の気持ちを伝えるクライアントとの忘年会では、少しだけ華やかさを意識し、存在感のある装いで向かうように心がけています。なぜなら、通常の打合せより長い時間を共にする会食では、着こなしの細部まで見られていることが多く、会話のきっかけに繋がるからです。もっと言うなら来年のプレゼンの場にもなり得ます。カシミヤ素材のストール、クラス感のある高級機械式腕時計、ゴールドのシグネットリング……。仕事はもちろんですが服装も、神は細部に宿ります。写真を見ていただくと、30スタイルの中でも、一番多く色を使っている着こなしだと気づくはず。グレー、サックスブルー、白、ネイビー、茶、ゴールド、キャメル、カーキ。なんと8色！ある意味、色もアイテムも一番多く使った難しい上級な着こなしといえます。

WINTER

03 Shirt & Tie ／ ARCODIO
07 Suit ／ BEAMS
13 Trench Coat ／ ES:S
22 Belt ／ BRUNELLO CUCINELLI
24 Boots ／ GEORGE CLEVERLEY
36 Watch ／ PATEK PHILIPPE
41 Stole ／ LORO PIANA
42 Ring ／ ASPREY
45 Socks ／ GLEN CLYDE
50 Pocket Chief ／ MUNGAI

WINTER

FRIDAY,6:00PM　Concert

金曜日；
注目アーティストのコンサートへ

贅沢なカシミヤで組み合わせたモノトーンスタイル

クリスマスや大晦日、年末にかけては、全国でさまざまな注目アーティストのコンサートが開かれます。そんな時にするのは、パートナーをさり気なく引き立てつつも、その時間を心地良く感じられる上質な素材を使ったモノトーンスタイルです。写真で着ているのは、ロロ・ピアーナの上質なカシミヤ素材を使って「髙島屋」で仕立てたダブルのコートと、同じくロロ・ピアーナのスパンカシミヤを使って仕立てた「ビームス」のジャケット、そして重量感のあるシルクカシミヤのスムース編みのクルーネックニットです。どのアイテムも黒で普通に見えますが、ある意味、「究極の普通の黒」といえます。カジュアル色の強いデニムを合わせても品の良さを感じさせるのは、やはり上質な素材の力があるからこそ。隣に並んだパートナーが何気なく触れた瞬間に、温かみや心地良さを感じてくれたら何よりうれしいですね。

01 Knit／30/70
04 Denim／MINEDENIM
07 Suit（Jacket）／BEAMS
11 Coat／TAKASHIMAYA STYLE ORDER SALON
21 Belt／JOHN LOBB
25 Boots／WH
38 Watch／BREITLING
45 Socks／GLEN CLYDE
48 Eye Wear／FIXER

WINTER

SATURDAY,4:00PM　Home Party

土曜日；
仲間とホームパーティ

清潔感のあるカジュアルスタイルはブルーに頼る

ホームパーティに招待されて仲間と楽しむのに、過度なお洒落は不要。自分はもちろん、一緒にいるメンバーも、気をつかわないリラックスできるカジュアルスタイルがベストです。とはいえ、人のお宅に訪問するわけですから清潔感を保つことが大切です。礼儀としてソックスは必ず着用すること。ネイビーニットから白シャツの襟を出し、洗い加工が施されていないデニムを合わせれば、きれいめのカジュアルスタイルが完成します。普段はモノトーンのスタイルが多い僕も、女性やお子さんも一緒に楽しむ集まりには、ブルーのストールをアクセントに、その場がパッと明るくなるような誠実な装いを意識します。色のきれいな大判のカシミヤのストールは、一枚あると便利。ラフに巻くと、上品でカジュアルな印象をつくることができます。

01 Knit ／ 30/70
03 Shirt ／ ARCODIO
04 Denim ／ MINEDENIM
12 Coat ／ BRUNELLO CUCINELLI
21 Belt ／ JOHN LOBB
24 Boots ／ GEORGE CLEVERLEY
37 Watch ／ AUDEMARS PIGUET
41 Stole ／ LORO PIANA
45 Socks ／ GLEN CLYDE

WINTER

SUNDAY,1:00PM Onsen Excursion

日曜日；
冬の休日、ふらっと温泉へ

冬の旅はジャケットにダウンを重ねて同系色で

ふいに空いた冬の休日の過ごし方といえば、断然、温泉。とりあえず宿だけは押さえて、気軽に出かけるときに一枚あると便利なのがムーレーのダウンです。上質な素材で丁寧につくられているので上品に見せてくれるのはもちろん、たとえ大雪の地域でもマイナス25度まで耐えられるので大丈夫。インナーは、ニット一枚でも十分に暖かいのですが、念のためディナーに対応できるカシミヤのネイビージャケットも持っていくといいでしょう。ジャケットにニットとデニムを合わせたスタイルなら、ノープランで出かけても、ほとんどのレストランに対応できるので安心です。ジャケットにアウターを重ねるという発想はあまりないかもしれませんが、スーツの上にダウンを着るお洒落なイタリア人も沢山いるので覚えておいてください。ネイビーで一色のトーン・オン・トーンでコーディネートすれば簡単です。

WINTER

01 Knit ／ 30/70
04 Denim ／ MINEDENIM
06 Suit（Jacket）／ BEAMS
14 Down ／ MOORER
22 Belt ／ BRUNELLO CUCINELLI
24 Boots ／ GEORGE CLEVERLEY
31 Bag ／ HERMES
37 Watch ／ AUDEMARS PIGUET
41 Stole ／ LORO PIANA
45 Socks ／ GLEN CLYDE

SPECIAL

PUBLIC HOLIDAY, 10:00AM Wedding

祝日；
友人の結婚式

マナー通りに着てこそ気品が際立つタキシード

招待状に「ブラックタイ」とドレスコードが指定されている場合はもちろん、18時以降の結婚披露宴やガラパーティなどには、夜の準礼装であるタキシードを着用します。ファッション誌の編集長という特殊な職業柄もあるかもしれませんが、結構、着ることが多いんですよね。中でも僕が好きなのは正統派のスタイル。剣先が尖ったピークドラペルの上着に、クラウン（王冠）に折ったポケットチーフを挿して、クラシカルな雰囲気を纏います。足元は、照明に映えるエナメル素材のシューズで。腕時計とシグネットリングをピンクゴールドで合わせ、より華やかな印象に。フォーマルウェアは袖を通すと背筋がいつもより伸びて、自然と立ち居振る舞いも美しくなります。タキシードを着たら、ジェームズ・ボンドのように当然レディファーストで！

00 Shirt / KURAUDIA
00 Tie / KURAUDIA
00 Tuxed / KURAUDIA
00 Cummerbund / KURAUDIA
00 Shoes / JOHN LOBB
35 Watch /
VACHERON CONSTANTIN
42 Ring / ASPREY
45 Socks / GLEN CLYDE
50 Pocket Chief / MUNGAI

SPECIAL

PUBLIC HOLIDAY,1:00PM　Black Formal

祝日；
偲ぶ会へ

厳寒の季節は控えめに防寒して故人を偲ぶ

葬儀では喪服を着用するのがマナーですが、偲ぶ会は、形式も服装も少し自由度があります。このため、故人との間柄によっては、自分らしさを取り入れた個性ある着こなしでお別れをされる方もいます。とはいえ社葬のような厳粛な雰囲気を持つお別れ会では、注意が必要。主催者側から案内が来た際は、マナーを押さえましょう。僕は、ファッションの仕事をしているので、故人が同業者の場合は、ほんの少しだけ自分の色を入れて臨みます。とくに冬場は、コートを脱がなければいけない場面もあり、防寒のためもあって、暖かいカシミヤスーツを着用します。靴を脱いでお座敷に上がらなければいけない場合もあるので、邪魔にならないように、紐のない着脱しやすい靴を選ぶのもおすすめ。正統的にはストレートチップですが、そのためにサイドゴアブーツを履いていくこともあります。

SPECIAL

03 Shirt & Tie ／ ARCODIO
07 Suit ／ BEAMS
21 Belt ／ JOHN LOBB
24 Boots ／ GEORGE CLEVERLEY
35 Watch ／ VACHERON CONSTANTIN
45 Socks ／ GLEN CLYDE
47 Eye Wear ／ MOSCOT

装いは風景に馴染ませる

「TPPOS」の考え方は、自身の装いを風景に溶け込ませることが前提です。

それを教えてくれたのは、世界最高級の服地メーカーであり、ラグジュアリーブランド「ロロ・ピアーナ」の創業一族のご兄弟でした。ロロ・ピアーナは、馬術競技やヨットレース、ゴルフなど、富裕層のライフスタイルの一部になっているさまざまなスポーツの大会をスポンサードしています。

ローマで開催された馬術大会の取材では、当時CEOだった兄のセルジオ・ロロ・ピアーナさん（2013年に逝去）に、世界のVIPたちの社交場である特別席に呼んでいただき、そこにいたゲストの装いについて「あの人の服装をどう思う?」「こっちの人は?」と質問されたことがありました。僕がそれに答えると、「あのポケットチーフの挿し方はいい」とか、「あれはやり過ぎだ」といったふうに、丁寧に一つひとつ解説してくれたのです。

また、カリブ海で行われたヨットレースでは、弟で副会長のピエール・ルイジ・ロロ・ピアーナさんのヨットに乗せていただきました。

彼にとって、風の方向や、波の大きさなど、常に遠くを見てクルーを導いていくヨットの操縦は、常に時代の先を見据えて動かなければ自社の社員たちを路頭に迷わせてしまうビジネスと感覚が似ているそうです。「仕事も大切だけれど、余暇を

column #03

楽しむこともまた、人生を豊かにする」ということを、彼から教わったように思います。

もちろん、クルーのファッションにも意味があります。クルーは皆、同じ青い長袖のポロシャツを着て、白のパンツを穿いていました。これは世界中の子どもに「海の色は？」と聞くと、どの子も「青と白」と答えるからだそう。

イタリア語で言う「エレガンテ」とは、「ナチュラーレ」。つまり自然の風景に馴染む装いこそ、一緒にいる人たちを心地良く感じさせ、着ているクルーたちの士気も上がる。そんな自然体の装いが、真のエレガンスであると語ってくれたのです。

その日の夕方、「ベージュ」をドレスコードにした、約3000人規模のエレガントな屋外パーティがあったのですが、僕は若気の至りで、あえてサックスブルーのジャケットにネイビーのシャツと白いパンツを合わせて参加しました。そうしたら当然ながら、まわりは全員ベージュの服……。僕は完全に、その場の雰囲気にそぐわない、常識はずれな人間となってしまったのです。

あまりの恥ずかしさに、少し離れたところから僕はパーティの様子を眺めることにしました。そこでハッと気がついたのが、ゲストたちの装いが光の差す角度や、波の音、風の匂いに至るまで、すべての演出と見事に調和し、美しい風景をつくっていることでした。まさに主催者であるピエール・ルイジさんの意図したロロ・ピアーナの目指すエレガンスが表れたワンシーンだったのです。それを理解せず、自我を出そうとしてしまった僕はなんと浅はかだったのでしょう。宴の途中で、ピエール・ルイジさんに「まったく問題ない。干場さんはいつも素敵な着こなしだから」と温かい言葉をかけてもらったとき、涙腺が緩んでしまったことは今でも忘れられない思い出です。

こういった経験から、僕は真にエレガントな装いとは何かを考えるようになりました。セルジオさん&ピエール・ルイジさん兄弟は、「ほかの人が見て、その場にいることに違和感を感じさせるような装いはあり得ない」と断言していました。

それなら、コンクリートのビルが立ち並ぶ東京の風景に最も自然に馴染むのは、無彩色（モノトーン）の服なのではないか。そんな考えのもと、僕の導き出した答えのひとつが、ここ数年よく着ているグレーのスーツスタイルなのです。

Chapter 005

お洒落以前の清潔感

年齢を重ね、適度に脂肪のついた体は魅力的

必要最小限のワードローブを揃えたうえで、それを「TPPOS」に沿ってコーディネートすることがいかに大切かを説いてきましたが、それは健康であることを前提としています。

どんなに高級なスーツをセンス良く着こなしていても、顔色が悪く、健康的でなければ素敵には見えません。健康に気を配り、体を整えることはとても大切なことです。ただ、ここで勘違いしてほしくないのは、モデルのような均整のとれた体を目指そうということではありません。それぞれのライフスタイルや年齢に合った体型で十分だというのが、僕の考え方です。映画『プリティ・ウーマン』のなかで、リチャード・ギアが入浴するシーンがありましたが、筋肉の上にうっすらとついた脂肪に、大人の余裕や色気を感じた女性も多いと聞きました。

男性は、Tシャツや水着が似合う体型が理想とされますが、年齢を重ねた男性が贅

肉のまったくない整い過ぎた体型では、浮世離れして見える可能性もあります。著しい肥満は別として、適度に脂肪のついた大人の体というのは、かえって魅力的なのではないでしょうか。

健康を意識すると、口にする食べ物や水、運動や睡眠などにも自然に気を配るようになり、体型も変化していきます。もちろん、ムダ毛の処理や髪の毛、歯やツメなどの身だしなみが整っていないのも、減点の対象になります。

日本人男性は、世界の中でもきれい好きと言われることが多いのですが、案外身だしなみに無頓着な人も多いので、それを意識するだけでも、大きく前進することになるはずです。

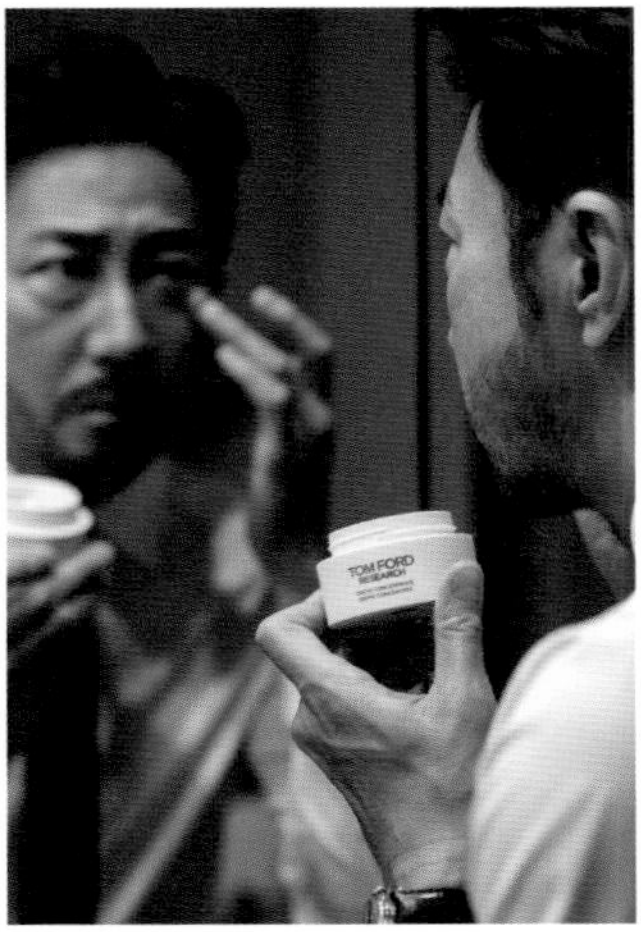

手と口元は、予想以上に見られている

僕自身、身だしなみで一番心がけているのは、他人から不快感を抱かれそうな要素を徹底的に排除することです。自分では普段気にしないようなところも、周囲の人たちは意外と見ているものだからです。

欧米では、洋服よりも前にまず歯にお金をかけるほど、歯を大切にする習慣があります。笑顔を重視する文化も影響していると思いますが、日本人でも黄ばんだ歯や弱った歯茎、歯の欠損を見せられたら、興醒めしてしまう人も多いでしょう。

また、虫歯や歯周病は口臭の原因にもなるので、同僚やパートナーと気兼ねなく会話を楽しむためにも、食後の歯磨き、定期的な歯のクリーニングは必ずしましょう。とくに、クロルヘキシジングルコン酸塩が入った薬用マウスウォッシュは、虫歯の発生および進行の予防、歯肉炎の予防、歯槽膿漏の予防、口臭の防止になるので、おすすめです。

ほかにも、唇のケアを怠っている男性もよく見かけますが、唇の荒れや乾燥は会話をしている相手にとって気になりますから、リップクリームで保湿したり、食事で積極的にビタミンA、Bを摂取したりするのが効果的です。

また、手や指先も重要な部分です。最低限、ツメだけはきれいに整えておいたほうがいいでしょう。ツメの中にゴミが溜まって、黒ずんでいるなんてもってのほか。とはいえ、マニキュアを塗ったりするようなやり過ぎで人工的なツメも女性には不評です。僕はなるべく自然に見えるように、短く切り揃え、甘皮を処理する道具やツメのカーブを整えるヤスリ、表面を磨くサンドペーパーなどを使い、きれいに整える程度のケアをしています。

スーツやジャケットスタイルで露出しているのは、首から上である顔と手のみですから、この2つの部分を清潔に整えることで、印象はとても変わります。常に見られていることを意識することが重要です。

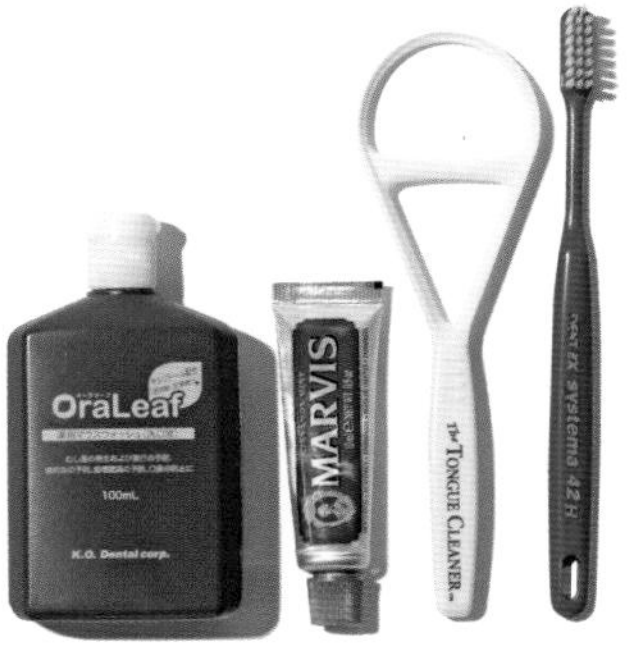

（左から）薬用マウスウォッシュ1000円～／オーラリーフ（ケーオーデンタル・歯科専売品）、トゥースペースト「シナモン・ミント」1980円／マービス（アッパーハウス）、タンクリーナー私物、歯ブラシ私物／DENT.EX システマ42H（ライオン）

気になる毛はどうするか？

眉毛が長く伸びてしまうのは、加齢による現象ですが、老けて見えるのでなるべくケアしたいもの。だからといって、細く整え過ぎるのもまた貧相に見えて不自然です。眉毛に関しても、なるべく自然に見えるように整えることが重要です。

ヒゲも、現在はさまざまな職場で許されるようになりましたが、長さを整え清潔感を保つことは必須です。いずれも、まわりから違和感を抱かれないよう、自然に整えるようにしましょう。その際、明らかにムダ毛とわかるような頬に生えている毛や、耳下から首にかけてのムダ毛は剃るなり、脱毛するなりして、きれいに保ちましょう。

ただ、ミドルエイジでそれ以上に気をつけたいのが、鼻毛や耳毛をはじめとするムダ毛。年齢を重ねるとともに、若い頃は想像もしなかったところに毛が生えてくるのには、驚きながらも落胆してしまうことがしばしばでしょう。鼻毛が伸びるのは毎日鏡を見ていればわかりますが、耳毛がはみ出ていたのを指摘されるのは、しばらくへこんでしまうものです。

最近では、耳毛・鼻毛用の脱毛ワックスや、電動式のカッターなども多く出まわっているので、そうした市販品を利用するのもいいでしょう。それも面倒だという人は、インターネットで「耳毛・鼻毛脱毛」と検索してみると、レーザー脱毛を行っている美容整形クリニックが簡単に見つかるので、そうしたところで施術を受けてみるのもいいかもしれません。

ムダ毛の処理は、くよくよ悩んでいてもしかたないというのが、僕の結論。そんなわけで、僕はこれからも自分の気になるようなムダ毛は、全部脱毛しようと思っています。

あっても意味が感じられないなら、ムダ毛なんて、いっそのことなくていいのです（笑）。

（左から）ヒゲスタイラー私物、ウブ毛トリマー8420円～／パナソニック、クシ付きマユハサミ私物／貝印、アイブローニッパーズ「211」私物／資生堂

男性は、女性より10年早く老ける

男性は、女性に比べて、約10年早く見た目が老けるという報告（資生堂調査）があります。男性特有の過剰な皮脂や、シェービングによる慢性的な肌の乾燥、加齢やケア不足が理由と考えられ、何もしないでいるとどんどん老化してしまうのだそうです。

僕も20代後半までは肌のお手入れに関しては無頓着でしたが、雑誌『ＬＥＯＮ』の編集者時代に美容特集を担当したのをきっかけに、男性美容に興味を持つようになりました。

いくら加齢にあらがっても克服できないハードルがあるのも事実ですし、自然なシワは素直に受け入れて、美しく歳を重ねるほうが有意義だとも思います。一方で、もし予防できることがあれば何でも試してみるべきだと今は考えています。

以前、ある専門家に取材したときに、なるほどと膝を打ったのが、乾いたティッシュペーパーは折れ線がつくけれど、濡れた状態ではつかない、というたとえ。つまり、肌トラブルの予防は、毎日の洗顔後に化粧水で肌にたっぷりと水分を入れて、乳液、保湿美容液でしっかりフタをするのが最善策だということ。以来、僕は朝晩、洗顔料と化粧水、乳液、保湿美容液の４ステップを日課にしています。ＷＯＷクリームのようなオールインワンとして使えるクリームで時短美容するのもおすすめです。

それ以外では体に潤いを与えるためにボーテ デュサエのボディミルクを使っていますが、乾燥した肌に水分を補給し、フタをするというのは基本中の基本。若い人よりも、むしろ中高年男性のほうがスキンケアには気をつけるべきです。

加齢とともに濃くなるシミは、気になるようなら美容外科クリニックで、一気に取って治療するのもひとつの手。僕は友人にドクターがいるおかげで、あまり抵抗感がないのかもしれませんが、シミひとつで毎日悩んでいるくらいなら、いっそのこと除去してしまったほうがいいでしょう。そのほうが、時短です。

一方、肌のくすみは、ターンオーバーが乱れていたり、乾燥していたりと、何らかのトラブルが起こっている証拠。これには保湿などスキンケアの見直しが必要になります。自分だけでは対処できないことも多いので、やはり専門家の意見を仰いだほうが安心です。

また、年齢とともにフェイスラインが下がって来たり、ほうれい線が現れるといった顔のたるみは、乾燥や紫外線だけでなく、頭皮のたるみが原因と言われています。

確かに、頭皮と顔は一枚の皮で繋がっていますから、そうした考えは一理あるかもしれません。そのため、僕はヘッドスパやトータルビューティーサロンでネオヒーラーを使った頭皮マッサージを定期的に受けたり、頭皮クレンジングで、頭皮の血流や代謝をサポートする育毛剤を使ったりしています。「干場ＳＰＡ」とYouTubeで調べていただければ、動画でも見ることができますので、参考にしてください。

外的なケアだけでなく、良質な睡眠や栄養も大切です。細胞を修復するホルモンが分泌される22時〜6時に寝て、朝はしっかり朝日を浴びる。頭皮環境を整えるため、季節の野菜やフルーツ、海藻、大豆などから、たんぱく質とビタミン、ミネラルをしっかりと補給する。

一度にこれらをすべて習慣化するとなると面倒に思う人も多いかもしれませんが、「千里の道も一歩から」、「ローマは一日にして成らず」とことわざにある通り、今日のたった数分のお手入れが、将来の自分の顔に反映されると思うと、やらない理由はありません。「美も一日にして成らず」なのです。

トップアスリートも愛用するマッサージ器。握るだけでマイクロカレントが発生し、これでマッサージすると血行がよくなり、コリやむくみを和らげてくれる。「ネオヒーラーテック」13万2000円／ネオヒーラー（SIMPLE -LIFE）

（左から）フェイスウォッシュ2750円／ZIGEN、ハイドレーティング ウォーターエッセンス6930円／ジュリーク、オールインワンフェイスクリーム3万800円／WOWクリーム（SIMPLE-LIFE）、モイスチャークリーム「クレーム ドゥ・ラ・メール」3万9600円、ザ・リップバーム7150円／ともにドゥ・ラ・メール、リップバーム2420円／ボーテ デュ サエ

スーツにもカジュアルにも似合う髪型とは？

「どんなヘアスタイルにすればいいのかわからない」という悩みをよく聞きますが、似合う髪型選びは、自分の髪質や顔型を知り、理想のヘアスタイルを探すことから始まります。なりたいスタイルを見つけたら、候補となる髪型の写真をいくつか持参し、プロに相談しましょう。口で伝えるよりも、写真を見せたほうが確実。僕の場合、スマホに取り込んだスーツ姿のセレブリティの画像や、自分で描いた髪型のイラストを見せながら、いつも相談に乗ってもらっています。

似合っていれば、どんなヘアスタイルでもいいかというと、そうでもありません。さまざまな観点から考えて、大人の男性は清潔感のあるショートカットがいちばんです。仕事はともかく、カジュアルな服には一見合わないように思えるかもしれませんが、そこはオーダーの仕方次第。カットの際、単に「短めに」と伝えるのではなく、「頭が立体的に見えるように」とお願いしましょう。

欧米人の顔立ちは頭が前後に長く、前から見た横幅が小さいのに対して、アジア人の顔は平べったいのが特徴です。スーツをはじめとする洋服は、こうした骨格を持つ欧米人に似合うようにつくられてきたわけですから、頭頂部や後頭部の髪の毛の長さを調整して、彼らのような立体感を出すことがポイントです。

整髪料を使うときも、この頭頂部、後頭部に立体感を出すことを常に意識しましょう。スーツのときはサイドをスッキリさせて端整に見えるように、カジュアルのときは毛先を遊ばせてニュアンスをつければ違和感のないスタイルに仕上がります。「干場ヘアの作り方」とYouTubeで調べていただければ、動画も見ることができますので参考にしてください。

また、最近は男性も茶髪が許される職場が増えてきたのに伴い、ヘアカラーが市民権を得て、ミドルエイジの男性も、白髪染めだけど明るくしたいという人が増加しています。けれど僕自身は、髪の毛はナチュラルな色のままのほうが素敵に見えると思っています。むしろ、きれいなロマンスグレーの白髪姿は、若い頃からの憧れ。

いつでも自然体でいたいと考えているからかもしれませんが、ヘアカラーをするのであれば、明る過ぎる色は避け、あくまでも仕事の常識から逸脱しないことが肝心。茶髪とはいえ、黒に近いダークブラウンまでがおすすめです。

体臭と香りについて

フランスをはじめとする香水文化が発達したヨーロッパでは、体臭と香水が混じり合うことで、香りがその人独自のものに変化していく過程を楽しみますが、日本ではむしろ体臭を消すことがエチケットとされています。湿度が高いこと、土地の小ささによる人との距離が近いことが背景にあるのかもしれません。日本では、香りと付き合う前にまずは匂い対策をしっかり行ってからにしたほうがいいでしょう。

40代になると気になり始めるのが「加齢臭」です。そもそも加齢臭とは、年齢を重ねると増える皮脂成分が酸化するときの匂い。毎日シャワーを浴びて体を清潔に保つのはもちろんですが、その際に消臭成分配合のボディシャンプーを使ったり、ボディペーパーで皮脂をこまめに拭き取ったりするだけで、ある程度は予防できると言われています。また、なかなか洗濯できないジャケットなどには匂いが蓄積しやすいので、

「リネット」など宅配クリーニング等にまめに出すのはもちろん、衣類用の消臭スプレーなどを携帯するのもいいでしょう。

後頭部から首の後ろにかけて発生する「ミドル脂臭」も、この年代の男性に多い悩みのひとつです。これは加齢によって頭皮脂が粘性の高い皮脂に変化し、匂いがそこに蓄積することが原因です。そのため、洗浄力の高いシャンプーを選び、普段から頭皮を徹底的にしっかり洗うことが大切になります（効果的なシャンプーの仕方はのちほど）。

こうしたケアで体を無臭状態にしたら、香りを取り入れていきましょう。初心者は、いきなり香水ではなく、ボディミルクから始めるのがおすすめです。というのも、クリームより軽く、しっかり保湿できるボディミルクは、植物由来の天然成分にこだわったものも多く、やさしい香りで多少つけ過ぎてもまわりの迷惑になりません。また、香水と比べて手頃な値段なので、日常的にガンガン使えるのもメリットです。僕は、女性にも好まれるボーテ デュサエのボディミルク「ローズブーケ」を愛用しています。

（左から）クナイプグーテナハト バスソルト ホップ＆バレリアンの香り 2640円／クナイプ、ボディミルク 4290円、共有専用ディスペンサー 220円、オイルミスト「ローズブーケ」3080円／すべてボーテ デュ サエ

香水のつけ方

一方の香水は、「パルスポイント」といって、人間の内側の拍動を感じられる脈を打つ部分につけるのが基本です。香りは下から上に立ち上ってくるため、足首や膝の裏などの下半身につけます。空気中にワンプッシュしてくぐったり、つけ過ぎたと思った場合は、シャワーを浴びて香りの角を取り、まろやかな印象にするのも、香りを使い慣れた人たちがよくするテクニックです。

ちなみに、香りの好みは人それぞれですから、ひとりよがりにならないためにも、香水を買いに行くとき、パートナーや意中の女性と一緒に出かけてみるのはいかがでしょう？　相手が好きな香りをつけることは間違いのない選択であるばかりか、お互いの興味を深め合うきっかけになるはずです。

（左から）オーデトワレ「アランチャ」私物／アクア ディ パルマ、「コンサントレド パンプルムス ローズ」私物／エルメス、オーデトワレ「ブレナム ブーケ」私物／ペンハリガン

加齢臭を抑えるシャンプーのコツ

体臭ケアには、毎日のシャンプーもおろそかにできません。ここで僕のシャンプーの仕方を紹介しましょう。

まず、乾いた頭皮をブラシなどでブラッシングすることで整髪料を浮き上がらせます。そして、頭皮にしっかりと届くようにシャワーを当てながら、1分程度お湯だけで頭皮と髪を徹底的に洗い流します。次にシャンプーを泡立て、指を小刻みに動かして頭全体をマッサージしながら洗浄。その後、シリコン製のシャンプーブラシを使って丁寧に洗います。洗い流すときもやさしくマッサージするように。流し終わったら、タオルの上から頭に指を立てるようにして地肌をやさしく拭きます。

そして、頭皮の根元にハリとコシを与えるために、資生堂のアデノバイタルアドバンストスカルプエッセンスで栄養を与え、さらに「ネオヒーラー」を使って頭皮の血行をよくします。ドライヤーで髪だけでなく、頭皮までしっかり乾かして終了です。

タオルドライ後に、髪の毛を濡れた状態のまま放置するのは厳禁。湿った頭皮は細菌が繁殖しやすい環境のため、匂いが発生し、髪や頭皮が生臭くなってしまいます。

この章では、洋服を着る以前の身だしなみについて解説してきましたが、僕がそのためにどんな商品を使っているか、『干場義雅が教える大人カジュアル 究極の私服』（日本文芸社）の中でも詳しく紹介しています。興味がある人は、そちらも参考にしてみてください。

（左から）ハニーケアシャンプー 4389円、ハニーケアトリートメント4389円／ともにマイハニーレメディ

（左から）アデノバイタル シャンプー 3698円〜、フェンテフォルテ トリートメント5136円〜、アデノバイタル アドバンスト スカルプエッセンス 7700円 ／すべて資生堂プロフェッショナル、シャンプーブラシ私物

Chapter 006

ビジネスカジュアルQ&A

Q スーツに合わせても許されるスニーカーを教えてください

A クラシックなスーツの場合は紐付きのドレスシューズを選ぶのが基本ですが、昨今増えている機能性素材を使用したセットアップスーツなどであれば、シンプルなデザインで、色は白か黒の無地、上質なレザー素材のスニーカーを合わせるのもいいでしょう。「ジョンロブ」「ジェイエムウエストン」といった伝統的な紳士靴で知られる老舗シューメーカーや、「エルメス」や「トッズ」などのラグジュアリーブランドのスニーカーは、上品で高級感のあるものが多く、比較的合わせやすいと思います。また、スポーツブランドでも、「アディダス」の「スタンスミス」のような、シンプルなデザインのスニーカーは好相性です。

Q 通勤に使えるビジネスリュックの条件は?

A シンプルなデザインで、色は茶か黒の無地、上質なレザー素材のものがいいでしょう。軽さを重視したナイロン製のものであれば、「プラダ」や「エルベシャプリエ」

のリュックは品があり、スーツに合わせても遜色ありません。

たまにストラップを長くしている人を見かけますが、子どもっぽくだらしない印象を与えてしまいます。かといって、重心を上にしてきっちりし過ぎると、窮屈に見えてバランスが悪く感じられるので、背中とリュックの間に適度なゆとりをつくること。バッグが肩甲骨に乗る長さがベストです。

Q

職場に穿いて行ってもいいデニムとダメなデニムの違いは？

A

仕事時に着用するとなると、ジャケットと相性の良いデニムということが条件になりますから、ベーシックなテーパードスリムのシルエットが合わせやすいと思います。どちらでも自分の体型に合ったものを選んでください。

指でつまめないぐらいぴったりとしたスキニーや、ブーツカット、ダボダボのオーバーサイズ、ワイドデニムなどはトレンド要素が強いうえ、カジュアルな印象になってしまうため、やめておいたほうが無難です。

色は、インディゴブルー、黒、白のどれでも構いませんが、ブルーの場合は「リジッド」と呼ばれる色落ちしていない状態のものなど、濃い色を選んだほうが落ち着いて見えます。また、色が薄いほどカジュアルな印象が強くなるため、ある程度色落ちしてしまったら、仕事では穿かないほうがいいでしょう。当然ながら、穴開きやカットオフといったダメージ加工を施したタイプは、仕事ではＮＧです。

個人的によく穿くブランドは、「マインデニム」、「ＰＴ」、「ヤヌーク」、「リーバイス」、「ディースクエアード」、「ブルネロ クチネリ」等です。

Ｑ ネクタイをしなくてもきちんと見えるのはどんなシャツ？

Ａ

個人的に「アルコディオ」のシャツを着ることが多いです。というのもアルコディオは、一流のドレスクロージングのつくり手たちと同様に、イタリア伝統の手仕事の技法をベースにしており、イタリア製の高級シャツに引けをとらないレベルのシャツだからです。にもかかわらずコストパフォーマンスが高いので、僕は何枚も同じものを所有しています。

もともと、ネクタイをしないでスーツやジャケットを着るのは、イタリアから広まったスタイルですが、そのあたりの事情もアルコディオではよく理解したうえで、シャツづくりに生かしています。襟まわりのバランスを計算して仕上げているため、ネクタイをしなくてもサマになるのです。

以下、一応、各パーツのサイズの目安を記しておきますが、人それぞれ体型が異なるので、このサイズはあくまで目安として参考にしてください。ネックラインから襟先までの長さは約7㎝。台襟の高さは、前は約3㎝、後ろは約3・5㎝。カフの長さは約7㎝。カフの形状は、ラウンドのものを。なお、ネクタイをしないときに、第1ボタンまですべて留めていると、ネクタイをはずしただけの状態に見えて不自然です。第1ボタン、ものによっては第2ボタンまで開けても大丈夫です。その際、シャツの中のインナーは見えないように。胸毛も見えないほうが、日本ではスマートです。

Q ドレスシャツやスーツの上着を休日着として着まわしたいのですが……

A

正統派のクラシックスーツを、カジュアルな場面で着るのは正直難しいのですが、機能性素材のセットアップなら可能です。かたちや素材、色にもよりますが、わからない人は、購入時に「仕事だけでなく休日も着たい」など、お店のスタッフに伝えて着用の目的を相談しながら選ぶようにしましょう。

ドレスシャツは、よほど襟が糊付けされた堅いものでない限り、襟先に入っている襟芯を抜いて、洗いざらしにすれば着ることができます。

Q ジャケットなしでも許される場合、夏の仕事着には何を選んだらいいでしょうか？

A

僕自身は、万一のケースに備え、たとえ着ないとしても常にジャケットは持ち歩くようにしています。オフィスで通常業務を行う際は長袖のシャツ一枚で過ごし、クライアントに会うときはその上からジャケットを羽織ります。

シャツの色は、白かサックスブルー。素材はコットン（綿）かコットンリネン（綿麻）、もしくはリネン（麻）。胸のボタンをはずし、腕をまくって着こなします。半袖のシャツやポロシャツでも許される企業であれば、百貨店やセレクトショップなどでスーツやジャケット売場の近くにディスプレイされているものや、ドレスコーナーで扱っているものを選べば間違いないでしょう。

また、半袖でもカッコ良く見えるようにつくられた、両胸にポケットがついたパイロットシャツもおすすめです。個人的にも大好きですが、ネクタイをすると制服効果で引き締まった印象に見えます。

半袖シャツにしろ、ポロシャツにしろ、派手な色や柄もの、サイズが大き過ぎるもの、スポーツシーンで着用するためのものは、基本的にビジネスには不向きですのでご注意を。

Q カジュアルに見え過ぎない、セーター選びのコツを教えてください

A

太い毛糸をざっくりと編んだローゲージセーターは、カジュアルな印象が強く、ビジネスで着るにはあまり向きません。一枚で着るのはもちろん、ジャケットの中に着る場面も想定すると、細い糸をハイゲージ編みした薄手のセーターで、かたちは、クルーネックやVネック、タートルネック、カーディガンなど、ベーシックなものを選ぶのが正解です。

ネクタイなしでジャケットの中に着る場合は、エレガントな雰囲気になる黒のター

トルネックもおすすめです。素材は、ウール、光沢のあるシルク、手触りのいいカシミヤ、または、それらの素材の混紡などもいいでしょう。

個人的には、シルク30%カシミヤ70%の混紡の素材でハイゲージ編みのものが、3シーズンぐらい着られて便利なのでおすすめです。色は、ネイビーか、黒が使いやすいでしょう。

僕がディレクションしている「トレンタセッタンタ」のニットはコスパが高いのでおすすめです。

Q 仕事でポロシャツを着るなら、どんなタイプがおすすめ？

A

まずは、ゴルフ用との兼用をやめましょう。そうしたタイプは機能素材のものがほとんどのため、スポーツウェアの範疇になります。胸にロゴやマークが入ったタイプも同じような見え方をするので、たとえファッションブランドのものであっても、控えるのが無難です。

間違いないのは、「ジョンスメドレー」に代表される、ハイゲージ編みのニットポロ。

それから、「クルチアーニ」に代表されるイタリアブランドに多い、台襟がついているポロシャツ。なぜなら、ジャケットに合うからです。

基本的に、ビジネスではジャケット着用がマストです。ジャケットに合うポロシャツかどうかというのが判断基準のひとつになります。百貨店やセレクトショップのドレスコーナーには、エレガントなジャケットスタイルに合わせられるポロシャツが揃っているので、ぜひチェックしてみてください。色は、白や黒、ネイビーといった定番色を選べば、品良く着こなすことができます。

Q

ラフなパンツにも合うジャケットの選び方を知りたいです

A

基本的にオールマイティとされるのは、ネイビージャケットとネイビーブレザーです。それも、肩パッドや芯地などの副資材を省いた軽い仕立てのものを選ぶといいでしょう。英国スーツのように構築的に仕立てられたジャケットは、どうしても堅苦しい印象を与えてしまうため、カジュアルなパンツには合いません。

Q

スウェットシャツやパーカーを仕事時に着ていて大丈夫でしょうか?

A

基本的にどちらもカジュアルなものですから、職場で着ていいのかと不安になるのであれば、やめておいたほうがいいでしょう。ただし、最近は服装に寛容な会社が増えています。着たいのであれば、なるべくシンプルでベーシックなデザインで、色は黒やネイビーなどを選びましょう。スウェットといえばグレーをイメージするかもしれませんが、濃色よりもカジュアルに見えるので避けたほうが無難です。

Q

スーツを着慣れて見えるようにするには?

A

スーツをたまにしか着ないのであれば、着慣れて見えないのは当然です。必ずしてほしいのは、クローゼットから出したスーツにシワがないかチェックすること。そして、そのスーツはあなたの体にジャストフィットしたものであるかどうかの確認です。一般的に言われているジャストフィットの基準は、以下の5つ。

① 腕を上げても上襟が首にかぶらない。

②腕を上げたとき、サイドの身頃が吊り上がらない。
③襟が身頃から浮かない。
④背中にシワが出ない。
⑤パンツの裾が長過ぎず、短過ぎない。

これらをクリアしていたら、次は着方を確認します。
ジャケットの正しい袖丈は、袖先が手首のつけ根の骨あたりにくるのが目安。中に着たシャツは、ジャケットの後ろ襟と袖口から1.5センチほど覗かせると美しく見えます。また、ネクタイは結んだ状態で、ベルトのバックルに大剣の先がかかるぐらいが最もバランスがいい長さ。ソックスの色は、基本的にスラックスか靴の色に合わせるのが正解です。

これらのルールは、厳密に守る必要はありませんが、スーツの世界では常識なので、覚えておくといいでしょう。

あとは、夏に冬用の素材を選んだり、冬に夏用の素材を着ているのもおかしな印象を与えてしまうので注意してください。ホコリをかぶった靴も見栄えが悪いですから、きちんと磨いておくことが肝心です。

Q 猛暑の日の外まわりや、豪雨や雪の日の商談など、過酷な条件でもきちんとすべきなのはわかりますが、実際はどうすればいいでしょうか?

A

クライアントの前できちんとしていればいいわけですから、訪問先の会社の前でジャケットや上着を着るようにして、それまでは手に持って移動すればいいと思います。また、雨や雪の日の靴は、ラバーソールのタイプなら多少濡れても大丈夫です。手持ちのレザーソールをラバーソールに替えることもできますから「リファーレ」や「ミスターエマ」等のお直し専門店に相談してみるといいでしょう。僕の場合、スーツは雨染みの目立つグレーではなく、ネイビーを選ぶことが多いです。

Q 上司や先輩、取引先の人よりも、高価なものを身に着けていいのでしょうか?

A

上司や先輩との関係性や、会社のカルチャー、業界にもよるので明確な決まりはありませんが、仕事であからさまな高級ブランドを身に着ければ、これ見よがしな印象を与え、嫌みに感じられるのは明らかです。どこのブランドかひと目でわかるようなものも基本的にはNGです。こういった質問は、ファッション的な感度ではなく、社内や業界の常識、社会性に照らし合わせて判断すれば、自ずと答えは見えてくるはずでしょう。

Q

体型にコンプレックスがある人は、どこに気をつけて洋服を選べばいいのでしょう？

A

ひとくちに体型にコンプレックスがあると言っても、背が低い、肥満、痩身、脚が短いなど、悩みはそれぞれ違います。

例えば、背が低い人は視線がなるべく上に向くように、少し厚みのあるソールの靴を選ぶのが効果的。僕がディレクションする「WH」の靴は、スタイルアップ効果を狙ったつくりをしているので、背が低い、脚が短いことを気にする人たちにもとても人気があります。

また、肥満体型の人は、なるべく膨張色を避けるなど、それぞれの悩みに応じた工夫が必要です。まず大事なのは、自分の体型への理解を深めることです。似たような体型の人のファッションを真似してみたり、オーダーメイドに挑戦してみるのもいいと思います。

Q　買い物はいつするのがいいでしょうか？セールのときでいいでしょうか？

A

近年、セールの時期がどんどん前倒しになっていることもあり、シーズンに先立って何かを買う行為は、一般の人はしなくていいと思います。とくに、コートなどの重衣料は高額なため、本格的な寒さが訪れる直前にセールで安く手に入れるのもいいかもしれません。

ただし、安くなっているからといって、トレンド（流行）に飛びつくのではなく、長く使えそうなベーシックなものにこそ目を向けるべき。普段はなかなか手が届かないアイテムに狙いを定めるのが、賢いセール利用法です。

最後に、気をつけてほしいのは、セットアップは上下一緒に買ったほうがいい、ということ。どちらかを先に買って、後からもう片方をうまく入手できるかはわかりませんし、上着だけ、あるいはパンツだけが先に傷んでしまった状態では、一緒に着てもチグハグな印象になってしまいます。

Q

年代別でスーツにかける適切な予算を知りたいのですが……

A

年代別でスーツにかける予算を気にするより、自分の職業や立場に応じて、どう見られたいのかを判断基準にするべきです。

僕がディレクションする「タカシマヤ スタイルオーダー サロン」では、4万9800円からオーダーが可能。20代から50代に至るまで、幅広い年齢層に利用していただいています。お店のスタッフと着用目的や想定されるシーンなどについて会話しながら、素材や仕立てのランクを決めていけば、適切な方向に導いてもらえるはずですが、欲しいと思うスーツがいくらぐらいするのかがわからない人は、一度、髙島屋の店頭で相談してみるといいでしょう。

Q

同じサイズ表記でも、メーカーによって大きさが違うので困ります

A

Ｅコマース時代の今、とくに多い悩みだと思います。プロの僕でも、ウェブサイトに記載された肩幅や着丈といった商品情報の数値を見ただけでは、実際のサイズは把握できません。というのも、洋服は立体的なつくりなので、着てみないとわからない部分が多過ぎるからです。

そのため、僕はＥコマースを利用するときも、必ず店頭で試着して、自分に合うサイズを確認してから買うようにしています。ただウェブサイトによって、サイズが合わない商品は返品・交換に応じてくれるところも多いので、面倒でも注文前にその条件や注意事項を必ずチェックしておきましょう。

Q

仕事でTシャツを着るときの注意点を教えてください。それなりにお洒落に見える人と、そうは見えない人とはどこが違うのでしょうか？

A

しなやかな風合いの上質素材を使ったもので、ベーシックなかたち、色は白か黒の無地を選ぶといいでしょう。厚手のゴワゴワした素材や、プリント入りのデザイン、極端なオーバーサイズなどは仕事に向きません。

Q

ビジネスカジュアルで出勤する際、ジャケットのインナーに着るTシャツのサイズにいつも悩みます。選ぶ際に気をつけることはありますか？

A

仕事時にジャケットの中に着るTシャツなら、ある程度、きちんとして見える素材であることが重要です。色は、白か黒の無地。汗染みが気になるグレーは選ばないほうがいいでしょう。

かたちは、クルーネックかVネックが基本。サイズは、だらしなく見えないようにジャストサイズを選ぶのが正解です。僕の場合は、スピンプラチナムという上質なコットン素材を用いた「クロスクローゼット」のTシャツを着ることがほとんどです。

Q

腰まわりが張っているので、それに合うスラックスが少ないのが悩みです

A

いろんなブランドのスラックスを試着してみて見つけるか、既製品をお直しするのも手です。既製品の場合でも、ある程度の部分のお直しは可能です。とはいえ、小さいサイズのものを大きくすることは、生地に余分が少なく難しいので、まずは張っている自分の腰に合わせてパンツを選ぶこと。その後、自分のウエストに合わせて詰めること。脚のラインも、張り出している腰からワタリ、裾に向かって、キレイにテーパードしたラインをつくるようにお直しするといいですね。

洋服の仕立て直しで定評のある「心斎橋リフォーム」なら、その人の体型に合わせてきれいにお直しをしてくれます。それでも難しいようなら、体型補整ができるオーダーメイドを試してみてください。オーダーなら、間違いなく自分の体型を美しく見せてくれるパンツが手に入るはずですから。

Q

メガネはどのように選べばいいのでしょうか？

A

「メガネは顔の一部」と言われるくらいですから、まずは、自分の顔に合っていることが第一ですが、顔のかたち、目の位置、鼻の高さと、見るべき点が多くあり、そもそも合っているかどうかがよくわからない、という人も多いですね。さまざまなタイプのものを試してしっくりくるかどうかを見ると同時に、オンラインで買うのではなく、実店舗でショップスタッフに客観的なアドバイスをもらいながら選ぶことをおすすめします。

最低限意識したいのは、顔のサイズに合ったものを選ぶことです。顔が小さい人が大き過ぎるメガネをかけていたり、逆に、顔が大きい人が小さいメガネをしているとアンバランスに見えます。メガネの大きさは、顔の大きさに比例すると考えてください。また、黒目の位置はレンズの中心に来るのが基本。中心からはずれると違和感を覚えますし、そもそも見づらいので、ぜひチェックしてほしいポイントです。

基本を押さえたら、あとは、なりたいイメージに沿って素材やかたちを選びましょう。

映画やドラマでは、神経質そうな医者が四角くて細いシルバーのメタルフレームのメガネをかけていたり、真面目で温厚そうな大学教授がやや丸みを帯びた逆三角形の「ボストン型」と言われる少し太めのセルフレームをかけていたりと、キャラクター演出の小道具としてメガネが使われることも多いですね。

同じメタル素材でも、シルバーはゴールドよりも冷たい印象になり、四角くて細いフレームはなおさらシャープな印象を与えます。一方、丸みを帯びたフレームはトラッドで真面目な印象を、厚みのあるセルフレームは温かくやさしい印象を与えます。

こうした、フレームの持つ印象を念頭に、自分はどう見られたいか？を考えて選ぶといいでしょう。

僕の場合、メガネをかけることで知的でやさしい雰囲気を漂わせながら、あまりクールな印象にならないよう、丸みを帯びたセルフレームのものをかけることが多いです。

色は、靴や腕時計のベルト、バッグなどの小物が黒の場合は黒のセルフレーム。小物が茶色の場合は茶のセルフレームを選ぶようにしています。また、僕は鼻幅が細いので、少し鼻盛りがしてあるものを選ぶことで、メガネがずり落ちないように工夫をしています。

Q　マフラーの巻き方がわかりません　普段と仕事時は、一緒でいいのでしょうか？

A　普段と、仕事時で巻き方を変える必要はありません。無理にお洒落に見せようとするのではなく、できるだけ普通に見えることを心がけてください。具体的な巻き方は、第4章のコーディネートのページを参照していただくとして、寒ければぐるっと巻き、暑くなったら垂らす、というのが基本。本当に、その程度でいいのです。巻き方を工夫し過ぎると、むしろドン引きされます（苦笑）。

Q ビジネス小物で、干場さんが愛用しているブランドを教えてください

A

ブランドはものによってさまざまですが、上質な素材を使った、シンプルでベーシックなデザインのものが、結局、長く使えるような気がします。

名刺入れは、「エルメス」や「T・MBH」「モルフォ」のレザー製品、ハンカチは「バーニーズ ニューヨーク」の白のコットン製のものに自分のイニシャルを入れて愛用しています。万年筆は、「モンブラン」か「パーカー」。手帳は、最近はスマホのメモ機能で済ませています。スマホケースは「ボナベンチュラ」の黒のシュリンクレザーです。

contact —— 問い合わせ

アスプレイジャパン …… 03-3281-0066
アルコディオ カスタマー …… 03-6303-2797
Alto e Diritto …… 052-253-7718
インテレプレ …… 03-6804-3861
ヴァシュロン・コンスタンタン …… 0120-63-1755
1piu1uguale3 表参道ヒルズ …… 03-6447-4970
オリエンタルシューズ …… 03-6804-3280
オーデマ ピゲ …… 03-6830-0000
カジナイロン K-3B オンラインストア
（TIMONE KANAZAWA 内）…… 076-208-3180
カメイ・プロアクト …… 03-6450-1515
クロスクローゼット …… 03-5770-5274
GLEN CLYDE　Sock club Tokyo　日比谷 OKUROJI 店 …… 03-6205-7171
コロネット …… 03-5216-6521
ゴールドウイン カスタマーサービスセンター …… 0120-307-560
ジョン ロブ ジャパン …… 03-6267-6010
SIMPLE-LIFE …… www.simple-life.style
スピラーレ …… 03-5468-8548
セコンド ショールーム …… 03-3794-9822
ゼニア カスタマーサービス …… 03-5114-5300
ソトー …… 0586-45-1121
第一ニットマーケティング …… 0258-66-6676
ダミアーニ 銀座タワー …… 03-5537-3336
トッズ・ジャパン …… 0120-102-578
日本橋高島屋 …… 03-3211-4111（代表）
ニール バレット ギンザシックス …… 03-3572-5216
ビー・アール・ショップ …… 03-5414-8885
ビームス 六本木ヒルズ …… 03-5775-1623
ブライトリング・ジャパン …… 0120-105-707
プラダ クライアントサービス …… 0120-45-1913
ブルネロ クチネリ ジャパン …… 03-5276-8300
ペッレ モルビダ 銀座 …… 03-5524-2808
宝石専門店ミワ …… 03-3572-5011
マインド …… 03-6721-0757
ミニマルワードローブ カスタマー …… 03-6412-7688
モスコット東京 …… 03-6434-1070
ラルフ ローレン …… 0120-327-420
ロロ・ピアーナ ジャパン …… 03-5579-5182

※商品価格はすべて税込、2021 年 7 月現在のものです
P193-206 掲載商品の価格は編集部調べです

Epilogue おわりに

『これだけでいい男の服』は、僕にとって8冊目の著書となります。これまで男性、女性の服装術はもちろん、僕が愛する究極のブランドや色気に関する本をまとめてきましたが、本書は男性の服装術において集大成といえる内容にしようと書き下ろしました。

掲載したアイテムはすべて、厳選を重ねた僕の私物です。いつ見ても参考になるように、誰にでもわかりやすく読んでいただけるように、心を砕きました。着こなしはなるべくシンプルでベーシックに、写真の撮り方から文章表現まで熟考を重ね、こだわってつくったつもりです。本当は、もっともっと紹介したい洋服や着こなしもあったのですが……、なるべく少ないアイテムで1年間のさまざまな「装い」を網羅しなければいけなかったので、かなり苦労しました。

「装い」は、当然ひとつではありません。本書に書かれているスタイルは、あくまで僕が素敵だと感じる基本スタイルの一部です。ですので、このスタイルをベースに、自分の個性や色を足したり引いたりしながら、さらなる自分のスタイル（型）を築き上げていただければ幸いです。

最後になりますが、「お洒落」と「装い」は違います。「お洒落」は、意味も考えずとりあえず洋服を羽織れば成立しますが、「装い」とは、洋服の基本を知り、いつ・どこに・誰と・何をするために着ていくのかを考えなければいけません。それぞれのアイテムの由来や基本的な着こなしのルールを知れば、どんなシチュエーションで身に着けるべきかを知ることができます。

今、多くの男性が知るべきは、ファッション誌に書いてある流行で変わるもの選びや「お洒落」よりも、服装の理論に基づいたグローバルに通用する「装い」です。この考えは、移り変わりの激しいトレンド好きな女性にも通用するものです。少しでも多くの方々にご高覧いただき、お役に立てれば光栄です。

最後に、本書を刊行するにあたりスケジュールが厳しい中、懇切丁寧に編集にご尽力いただきました長久恵理氏と池田真理子氏、素敵にレイアウトしていただきました加藤京子氏、執筆にご協力いただきました石井俊昭氏、長年素敵な写真を撮っていただいています久保田育男氏、ご協力いただきました各ブランドの方々、そして長年応

援してくださるすべての方々に、この場をお借りして心よりお礼申し上げます。
本当にありがとうございました。

干場義雅

［著者］
千場義雅（Yoshimasa Hoshiba）
ファッションディレクター・『FORZA STYLE』（講談社）編集長
1973年東京生まれ。BEAMSで販売を経験後、出版社に勤務。『MA-1』『モノ・マガジン』『エスクァイア日本版』などの編集を経て、『LEON』の創刊に参画。ちょい不良（ワル）ブームを作る。『OCEANS』の副編集長兼クリエイティブディレクターを務めた後、船旅を愛する男女誌『SetteMari』の編集長に。2010年に独立し、（株）スタイルクリニックを設立。フジテレビ系「にじいろジーン」、テレビ朝日系「グッド！モーニング」、日本テレビ系「ヒルナンデス！」、TBS系「サタデープラス」、テレビ東京系「なないろ日和」、BS日テレ「バカリズムの大人のたしなみズム」など、テレビ番組のファッションコーナーでもおなじみ。TOKYO FMで、ラジオ番組「SEIKO ASTRON presents World Cruise」のメインパーソナリティ、YouTubeのファッション番組「BR.CHANNEL Fashion Collage」で講師を務める。『千場義雅が教える大人カジュアル 究極の私服』（日本文芸社）、『千場義雅が語る女性のお洒落』（ディスカバートゥエンティワン）、『千場義雅が愛する究極のブランド100+5』（日本文芸社）、『世界のビジネスエリートは知っているお洒落の本質』『色気力』（ともに集英社文庫）など、著書多数。さまざまなブランドのクリエイティブディレクターとしての顔を持ち、自身の好きなものだけを集めたオンラインセレクトショップ「MINIMALWARDROBE」と「SIMPLE-LIFE」を手掛ける。インスタグラム@yoshimasa_hoshibaも人気。

これだけでいい男の服

2021年7月13日　第1刷発行

著　者——千場義雅
発行所——ダイヤモンド社
〒150-8409　東京都渋谷区神宮前6-12-17
https://www.diamond.co.jp/
電話／03·5778·7233（編集）　03·5778·7240（販売）
装丁———加藤京子(Sidekick)
DTP———アイ・ハブ
写真———久保田育男、P187 冨樂和也
P113 ©ZUMA、P114 ©Capital Pictures/amanaimages
校正———鷗来堂
製作進行——ダイヤモンド・グラフィック社
印刷・製本—ベクトル印刷
編集協力——池田真理子、石井俊昭
編集担当——長久恵理

ISBN 978-4-478-10949-6